海上絲綢之路基本文獻叢書

# 暹羅中華總商會紀念刊

暹羅中華總商會 編

文物出版社

**圖書在版編目（CIP）數據**

暹羅中華總商會紀念刊 / 暹羅中華總商會編．-- 北京：文物出版社，2022.7
（海上絲綢之路基本文獻叢書）
ISBN 978-7-5010-7617-8

Ⅰ．①暹… Ⅱ．①暹… Ⅲ．①商會－暹羅－紀念文集
Ⅳ．①F733.36

中國版本圖書館 CIP 數據核字（2022）第 086684 號

**海上絲綢之路基本文獻叢書**

暹羅中華總商會紀念刊

---

編　　者：暹羅中華總商會
策　　劃：盛世博閱（北京）文化有限責任公司

封面設計：鞏榮彪
責任編輯：劉永海
責任印製：蘇　林

出版發行：文物出版社
社　　址：北京市東城區東直門内北小街 2 號樓
郵　　編：100007
網　　址：http://www.wenwu.com
經　　銷：新華書店
印　　刷：北京旺都印務有限公司
開　　本：787mm×1092mm　1/16
印　　張：17.625
版　　次：2022 年 7 月第 1 版
印　　次：2022 年 7 月第 1 次印刷
書　　號：ISBN 978-7-5010-7617-8
定　　價：98.00 圓

---

# 總緒

海上絲綢之路，一般意義上是指從秦漢至鴉片戰争前中國與世界進行政治、經濟、文化交流的海上通道，主要分爲經由黄海、東海的海路最終抵達日本列島及朝鮮半島的東海航綫和以徐聞、合浦、廣州、泉州爲起點通往東南亞及印度洋地區的南海航綫。

在中國古代文獻中，最早、最詳細記載『海上絲綢之路』航綫的是東漢班固的《漢書·地理志》，詳細記載了西漢黄門譯長率領應募者入海『齎黄金雜繒而往』之事，書中所出現的地理記載與東南亞地區相關，并與實際的地理狀况基本相符。

東漢後，中國進入魏晋南北朝長達三百多年的分裂割據時期，絲路上的交往也走向低谷。這一時期的絲路交往，以法顯的西行最爲著名。法顯作爲從陸路西行到印度，再由海路回國的第一人，根據親身經歷所寫的《佛國記》（又稱《法顯傳》）一書，詳細介紹了古代中亞和印度、巴基斯坦、斯里蘭卡等地的歷史及風土人情，是瞭解和研究海陸絲綢之路的珍貴歷史資料。

隨着隋唐的統一，中國經濟重心的南移，中國與西方交通以海路爲主，海上絲綢之路進入大發展時期。廣州成爲唐朝最大的海外貿易中心，朝廷設立市舶司，專門管理海外貿易。唐代著名的地理學家賈耽（七三〇～八〇五年）的《皇華四達記》記載了從廣州通往阿拉伯地區的海上交通『廣州通夷道』，詳述了從廣州港出發，經越南、馬來半島、蘇門答臘半島至印度、錫蘭，直至波斯灣沿岸各國的航綫及沿途地區的方位、名稱、島礁、山川、民俗等。譯經大師義净西行求法，將沿途見聞寫成著作《大唐西域求法高僧傳》，詳細記載了海上絲綢之路的發展變化，是我們瞭解絲綢之路不可多得的第一手資料。

宋代的造船技術和航海技術顯著提高，指南針廣泛應用於航海，中國商船的遠航能力大大提升。北宋徐兢的《宣和奉使高麗圖經》詳細記述了船舶製造、海洋地理和往來航綫，是研究宋代海外交通史、中朝友好關係史、中朝經濟文化交流史的重要文獻。南宋趙汝適《諸蕃志》記載，南海有五十三個國家和地區與南宋通商貿易，形成了通往日本、高麗、東南亞、印度、波斯、阿拉伯等地的『海上絲綢之路』。宋代爲了加强商貿往來，於北宋神宗元豐三年（一〇八〇年）頒佈了中國歷史上第一部海洋貿易管理條例《廣州市舶條法》，并稱爲宋代貿易管理的制度範本。

元朝在經濟上採用重商主義政策，鼓勵海外貿易，中國與歐洲的聯繫與交往非常頻繁，其中馬可•波羅、伊本•白圖泰等歐洲旅行家來到中國，留下了大量的旅行記，記録元代海上絲綢之路的盛况。元代的汪大淵兩次出海，撰寫出《島夷志略》一書，記録了二百多個國名和地名，其中不少首次見於中國著録，涉及的地理範圍東至菲律賓群島，西至非洲。這些都反映了元朝時中西經濟文化交流的豐富内容。

明、清政府先後多次實施海禁政策，海上絲綢之路的貿易逐漸衰落。但是從明永樂三年至明宣德八年的二十八年裏，鄭和率船隊七下西洋，先後到達的國家多達三十多個，在進行經貿交流的同時，也極大地促進了中外文化的交流，這些都詳見於《西洋蕃國志》《星槎勝覽》《瀛涯勝覽》等典籍中。

關於海上絲綢之路的文獻記述，除上述官員、學者、求法或傳教高僧以及旅行者的著作外，自《漢書》之後，歷代正史大都列有《地理志》《四夷傳》《西域傳》《外國傳》《蠻夷傳》《屬國傳》等篇章，加上唐宋以來衆多的典制類文獻、地方史志文獻，集中反映了歷代王朝對於周邊部族、政權以及西方世界的認識，都是關於海上絲綢之路的原始史料性文獻。

海上絲綢之路概念的形成，經歷了一個演變的過程。十九世紀七十年代德國地理學家費迪南・馮・李希霍芬（Ferdinad Von Richthofen，一八三三～一九〇五），在其《中國：親身旅行和研究成果》第三卷中首次把輸出中國絲綢的東西陸路稱爲『絲綢之路』。有『歐洲漢學泰斗』之稱的法國漢學家沙畹（Édouard Chavannes，一八六五～一九一八），在其一九〇三年著作的《西突厥史料》中提出『絲路有海陸兩道』，蘊涵了海上絲綢之路最初提法。迄今發現最早正式提出『海上絲綢之路』一詞的是日本考古學家三杉隆敏，他在一九六七年出版《中國瓷器之旅：探索海上的絲綢之路》中首次使用『海上絲綢之路』一詞；一九七九年三杉隆敏又出版了《海上絲綢之路》一書，其立意和出發點局限在東西方之間的陶瓷貿易與交流史。

二十世紀八十年代以來，在海外交通史研究中，『海上絲綢之路』一詞逐漸成爲中外學術界廣泛接受的概念。根據姚楠等人研究，饒宗頤先生是華人中最早提出『海上絲綢之路』的人，他的《海道之絲路與昆侖舶》正式提出『海上絲路』的稱謂。選堂先生評價海上絲綢之路是外交、貿易和文化交流作用的通道。此後，大陸學者馮蔚然在一九七八年編寫的《航運史話》中，使用『海上絲綢之路』一詞，這是迄今學界查到的中國大陸最早使用『海上絲綢之路』的人，更多地限於航海活動領域的考察。一九八〇年北京大學陳炎教授提出『海上絲綢之路』研究，并於一九八一年發表《略論海上絲綢之路》一文。他對海上絲綢之路的理解超越以往，且帶有濃厚的愛國主義思想。陳炎教授之後，從事研究海上絲綢之路的學者越來越多，尤其沿海港口城市向聯合國申請海上絲綢之路非物質文化遺産活動，將海上絲綢之路研究推向新高潮。另外，國家把建設『絲綢之路經濟帶』和『二十一世紀海上絲綢之路』作爲對外發展方針，將這一學術課題提升爲國家願景的高度，使海上絲綢之路形成超越學術進入政經層面的熱潮。

與海上絲綢之路學的萬千氣象相對應，海上絲綢之路文獻的整理工作仍顯滯後，遠遠跟不上突飛猛進的研究進展。二〇一八年厦門大學、中山大學等單位聯合發起『海上絲綢之路文獻集成』專案，尚在醞釀當中。我們不揣淺陋，深入調查，廣泛搜集，將有關海上絲綢之路的原始史料文獻和研究文獻，分爲風俗物産、雜史筆記、海防海事、典章檔案等六個類别，彙編成《海上絲綢之路歷史文化叢書》，於二〇二〇年影印出版。此輯面市以來，深受各大圖書館及相關研究者好評。爲讓更多的讀者親近古籍文獻，我們遴選出前編中的菁華，彙編成《海上絲綢之路基本文獻叢書》，以單行本影印出版，以饗讀者，以期爲讀者展現出一幅幅中外經濟文化交流的精美畫卷，爲海上絲綢之路的研究提供歷史借鑒，爲『二十一世紀海上絲綢之路』倡議構想的實踐做好歷史的詮釋和注脚，從而達到『以史爲鑒』『古爲今用』的目的。

# 凡例

一、本編注重史料的珍稀性，從《海上絲綢之路歷史文化叢書》中遴選出菁華，擬出版百册單行本。

二、本編所選之文獻，其編纂的年代下限至一九四九年。

三、本編排序無嚴格定式，所選之文獻篇幅以二百餘頁爲宜，以便讀者閱讀使用。

四、本編所選文獻，每種前皆注明版本、著者。

五、本編文獻皆爲影印，原始文本掃描之後經過修復處理，仍存原式，少數文獻由於原始底本欠佳，略有模糊之處，不影響閱讀使用。

六、本編原始底本非一時一地之出版物，原書裝幀、開本多有不同，本書彙編之後，統一爲十六開右翻本。

# 目録

# 暹羅中華總商會紀念刊

# 暹羅中華總商會紀念刊

暹羅中華總商會 編

民國十九年香港商務印書館排印本

民國十九年一月十四日

# 暹羅中華總商會開幕紀念刊

陳銘樞題

# 目次

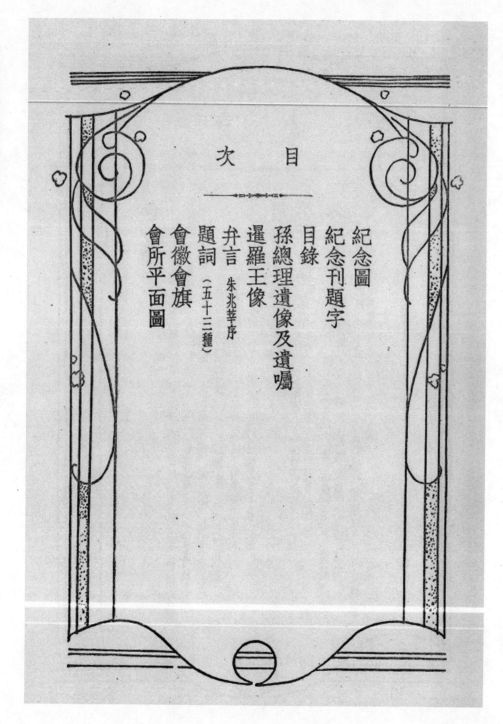

# 目次

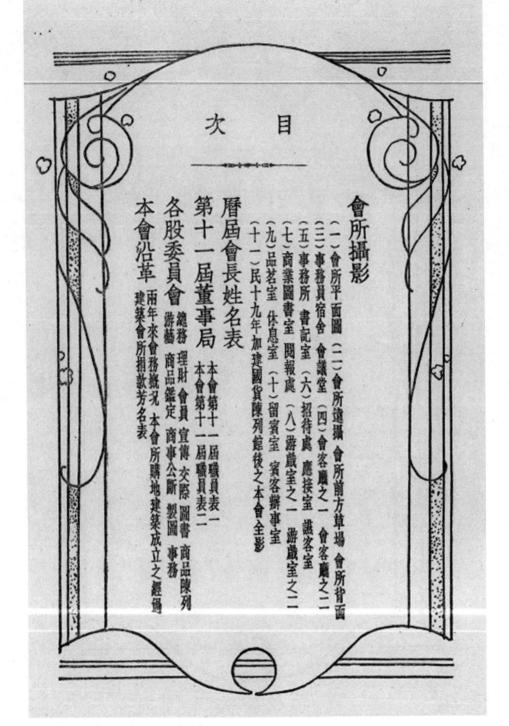

# 目次

總理遺像

# 總理遺囑

余致力國民革命凡四十年其目的在求中國之自由平等積四十年之經驗深知欲達到此目的必須喚起民衆及聯合世界上以平等待我之民族共同奮鬥

現在革命尚未成功凡我同志務須依照余所著建國方略建國大綱三民主義及第一次全國代表大會宣言繼續努力以求貫澈最近主張開國民會議及廢除不平等條約尤須於最短期間促其實現是所至囑

暹王璧差狄樸陛下

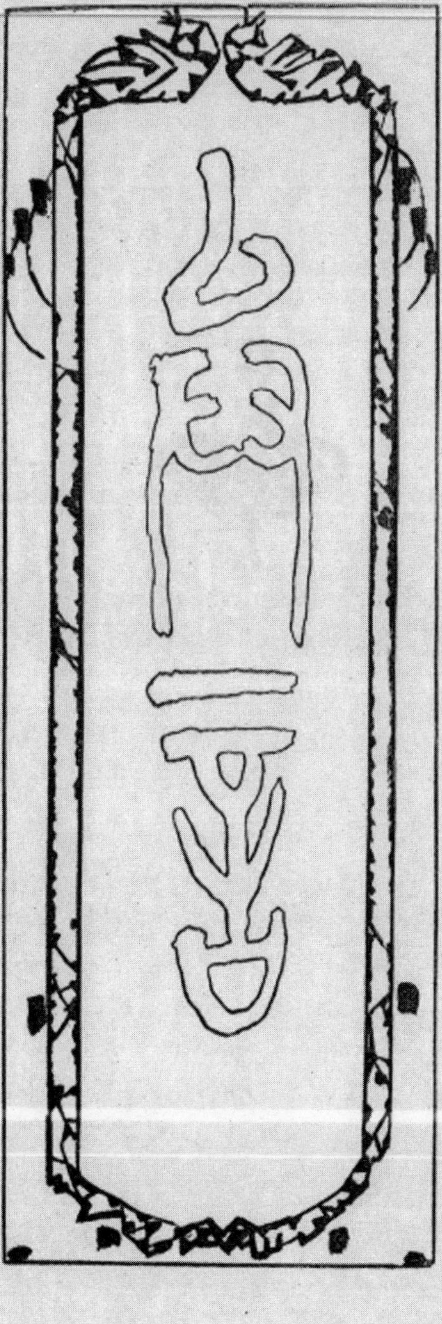

履南洋之所見熙來攘往者什八九皆華人商不問統治權之誰屬未有不誤認為故鄉者也僑暹華人較他處尤眾蓋暹地廣人稀耕植務民寔之美吾華種故獨喜華人之至安其居樂其業華族之在暹於是乎滋大矣為農為工多為商何莫非至多而商業團體之偉大亦莫與京焉去年夏余辭官南遊至暹京見新建中華總商會輪焉奐焉黃會長慶修伸紙搦管請余書額臨別贈言更題毋忘祖國四字勖之余歸國半載黃會長函告落成典禮將

發特刊爲紀念請余作序余閱稿之成至隆重暹京暹后與當地閩人各國雖僑皆落止能事之盛可想華僑地位之隆亦可喻夫國之於民猶父母之於兒女陟岵而知其子思親之切僑商而知其親念子之殷國之不遺其民與民之不忘其國豈異致也凡寄身愈遠者其向心力愈強僑民愛國之誠可驗矣旅暹華僑建會所稱中華不忘本也一舉而敬業樂群愛國之心畢露處無約保護之境尤徵自治精神能力爲不可及吁可敬也已中華民國十九年春花縣朱兆莘序

# 題詞

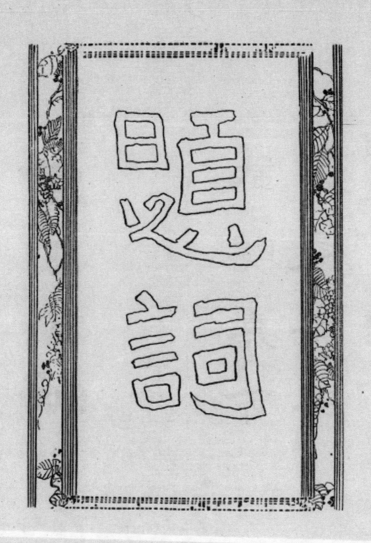

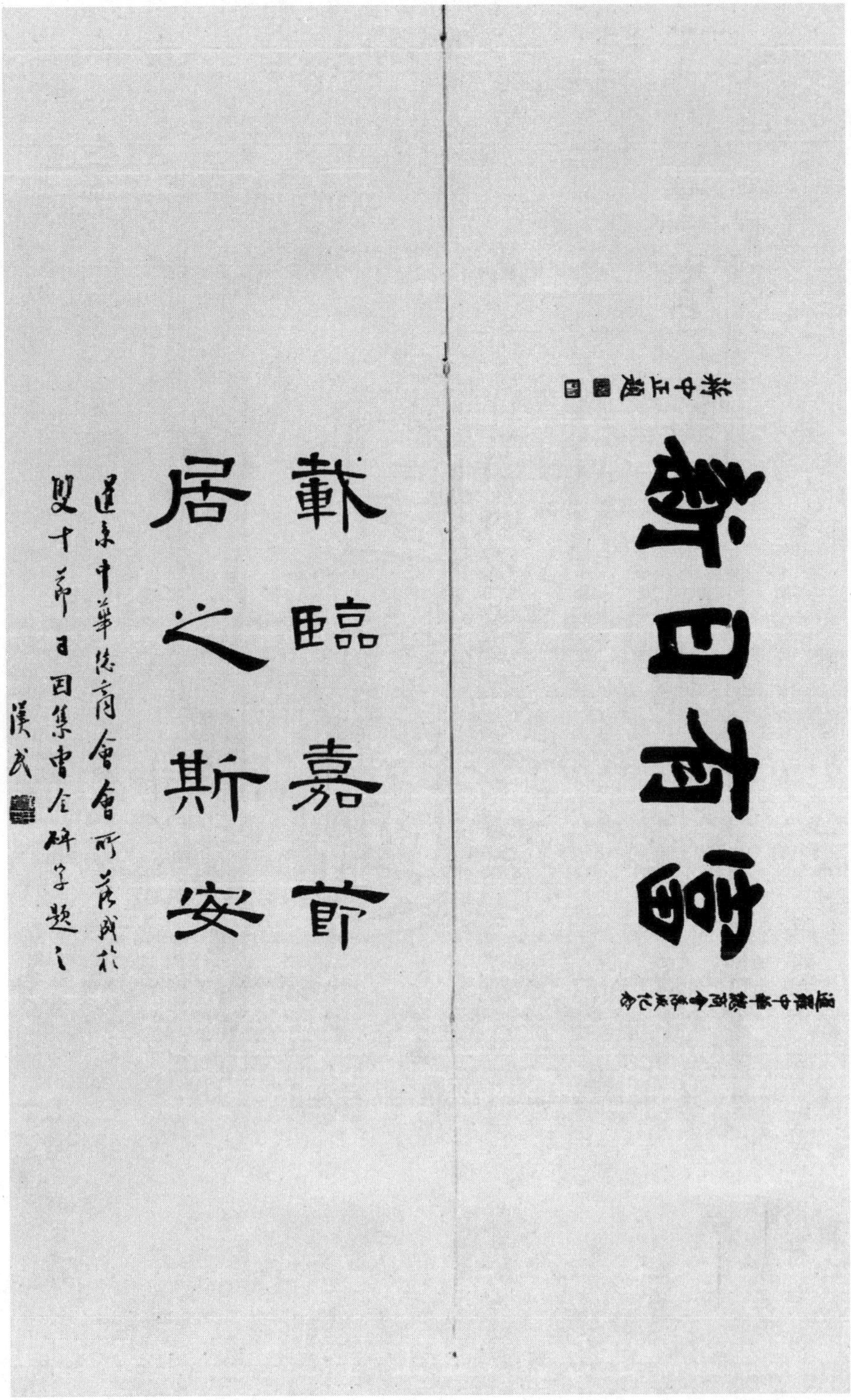
富有日新
暹羅中華總商會落成紀念
蔣中正題
載臨嘉節
居之斯安
暹京中華總商會會所落成於
夏十節日因集曹全碑字題之
漢武

謀中暹兩民族之結合蓋亞洲南方文化之振興與和平之建設惟有中暹兩民族最親善之結合乃能得之也

民國十八年暹羅中華會館落成書此祝之 戴傳賢

貨惡其棄於地也不必藏於己力惡其不出於身也不必為己

暹羅中華總商會屬書 王伯群

暹羅中華總商會會所開幕紀念刊

輪奐華居
是聚國族

陳錦桃題贈

譽滿寰區

孔祥熙題

# 宏中肆外

暹羅中華總商會開幕特刊

孫科

暹羅中華總商會會館落成開幕誌慶

# 賓至如歸

國民政府財政部長宋子文題

怒江瀾急萬里西南路世外桃源有佳處看
胼胝辛勞成邑成卿又望愁遍處雲風
蹙眉起橋跨海上父老諸昆仗賑相飲末
餘子素人說越人肥瀣利饒刀帕只帕只形
了取眠他日雞犬識新豐豈一文輶車住君
小住

能遊暹中華僑商會居 調寄同仙歌用蘇軾韻
乙酉延陵李□書

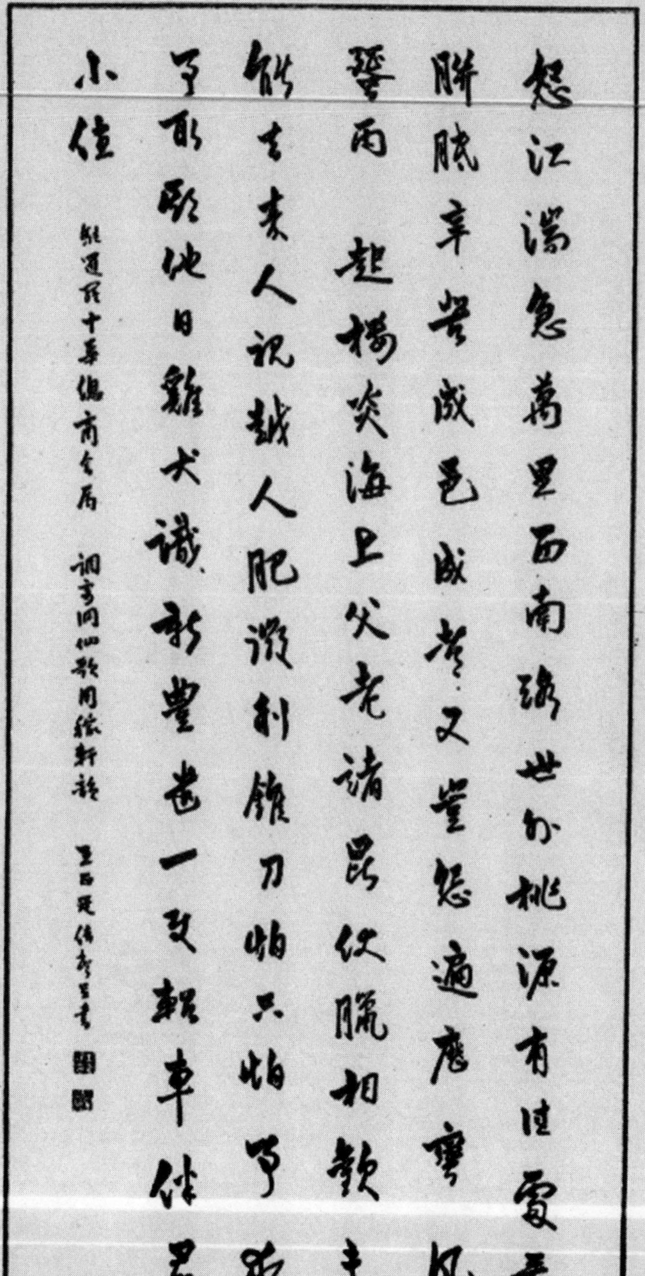

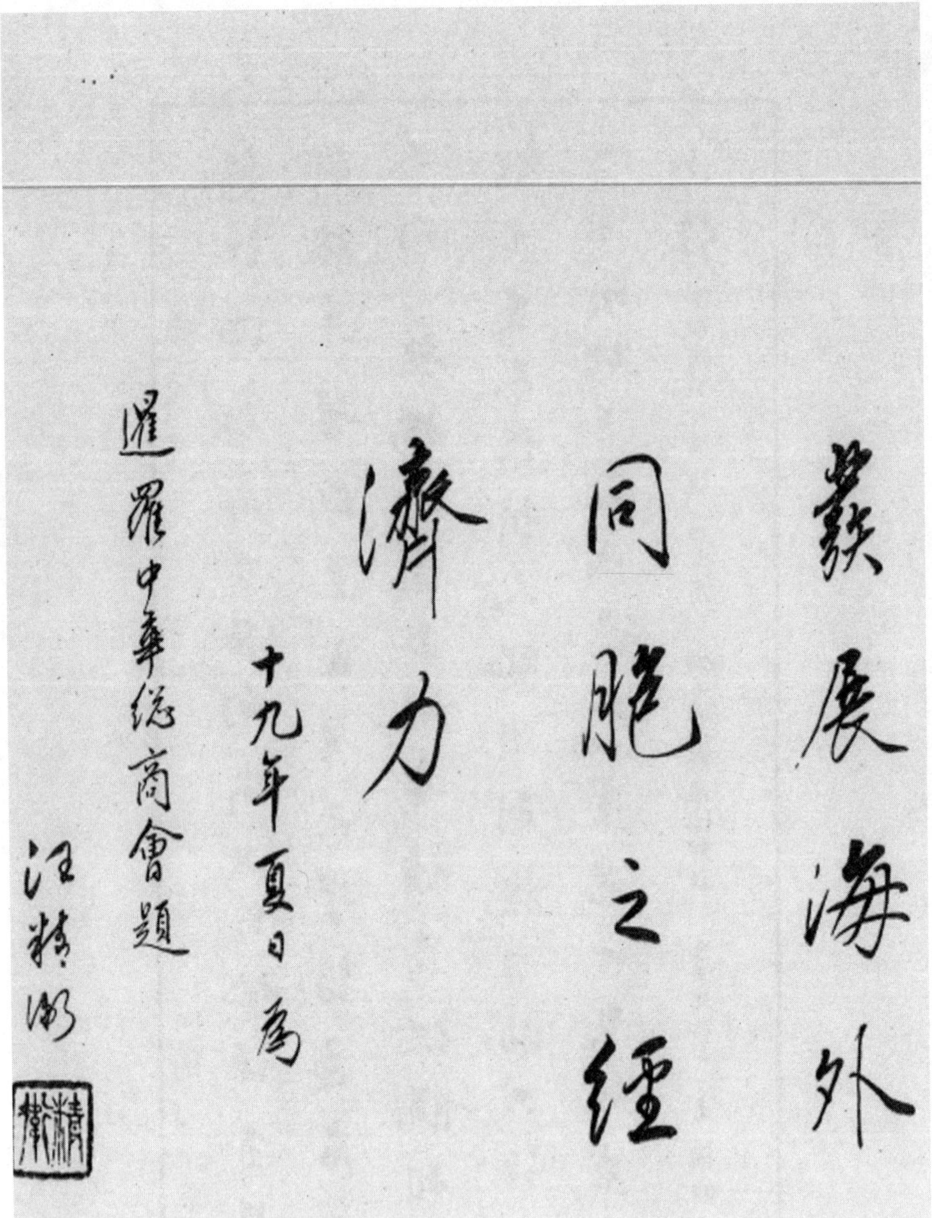

發展海外同胞之經濟力

十九年夏日為

暹羅中華總商會題

汪精衛

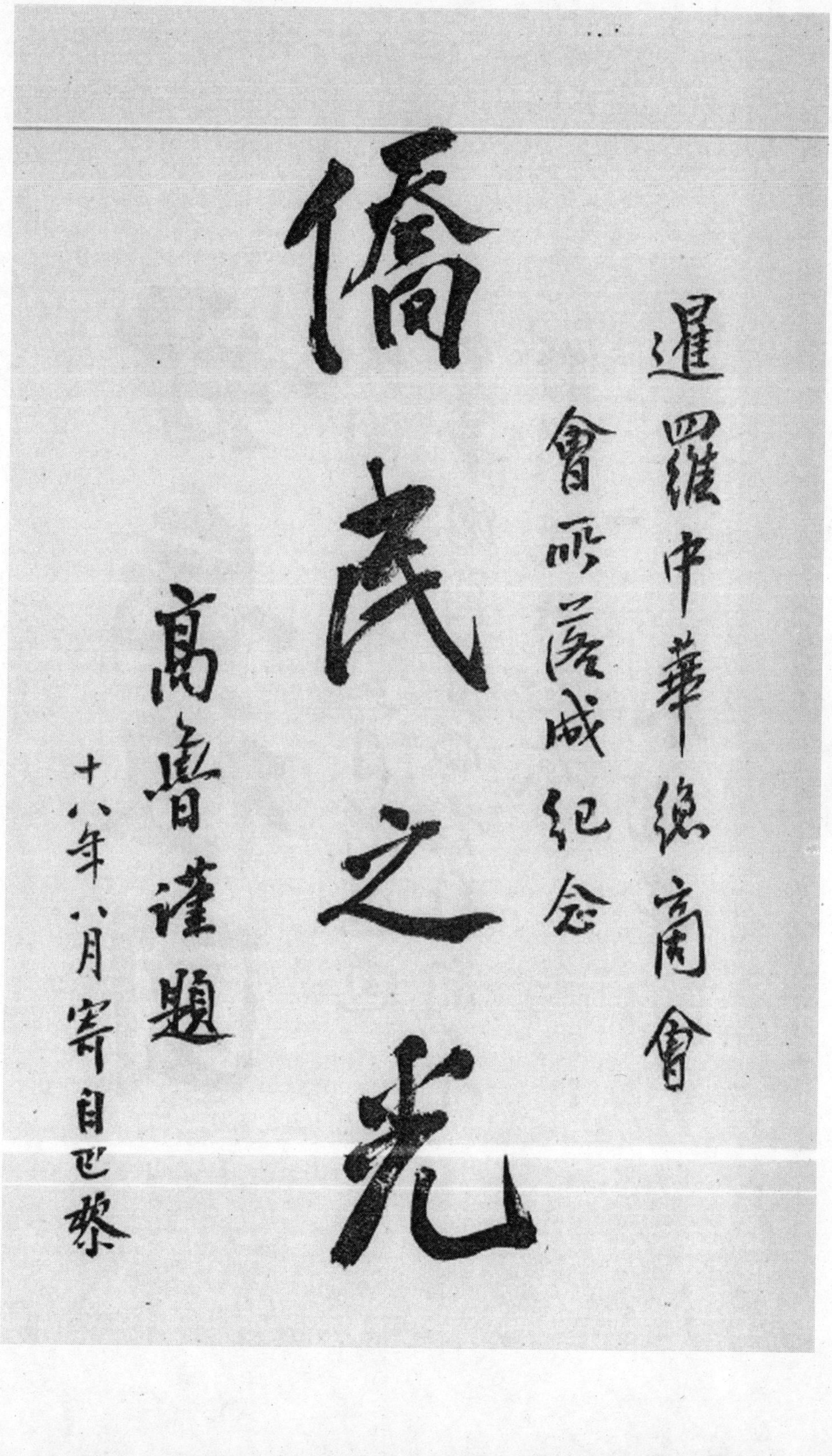
暹羅中華總商會會所落成紀念
僑民之光
高魯謹題
十八年八月寄自巴黎

# 毋忘祖國

民國十八年六月游暹適
中華總商會將發行開幕
特刊題此志念

朱兆莘

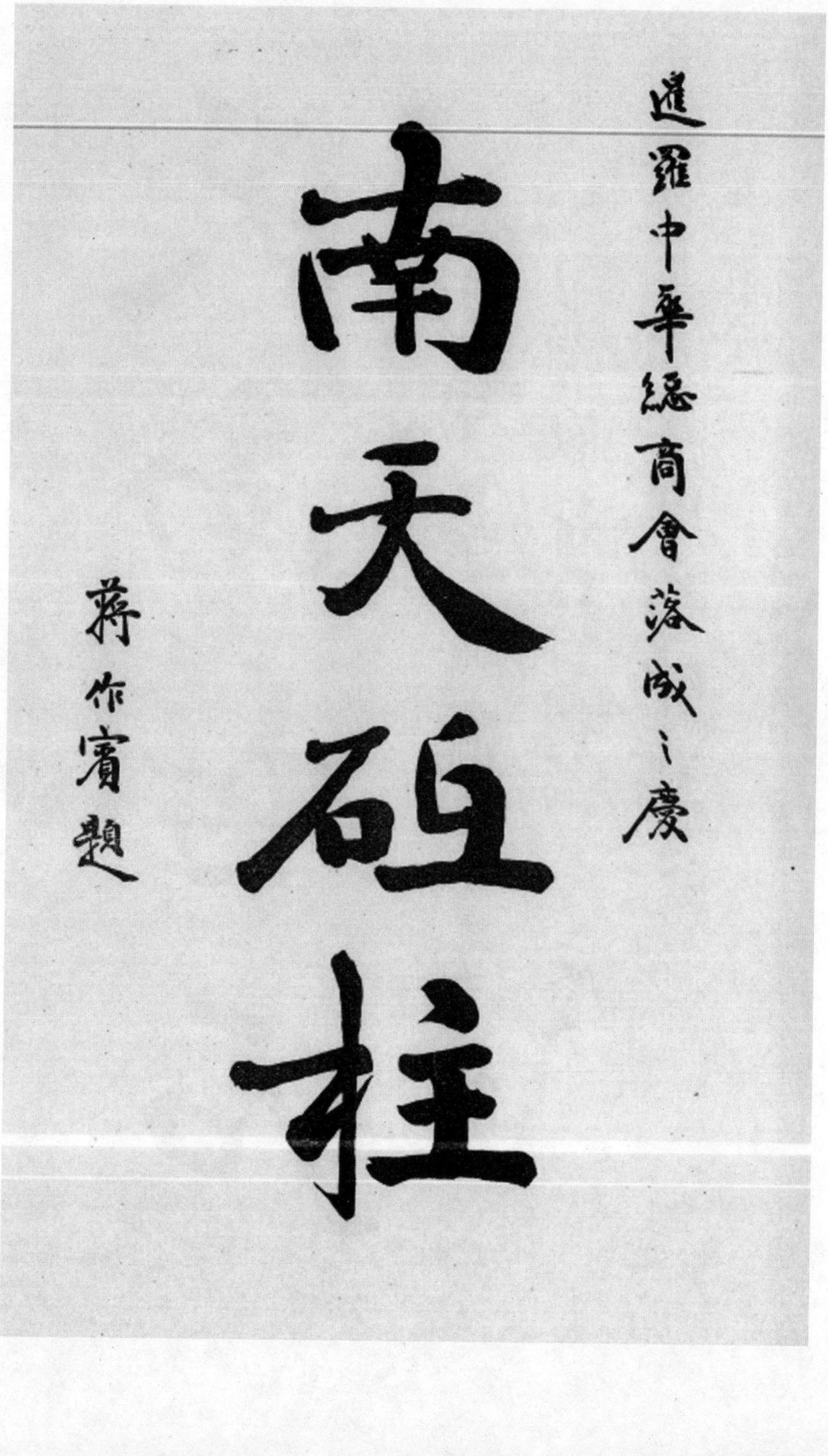

暹羅中華總商會落成之慶

南天砥柱

蔣作賓題

天南柱石

暹羅中華總商會落成
並發行特刊之慶

鄧元沖敬祝

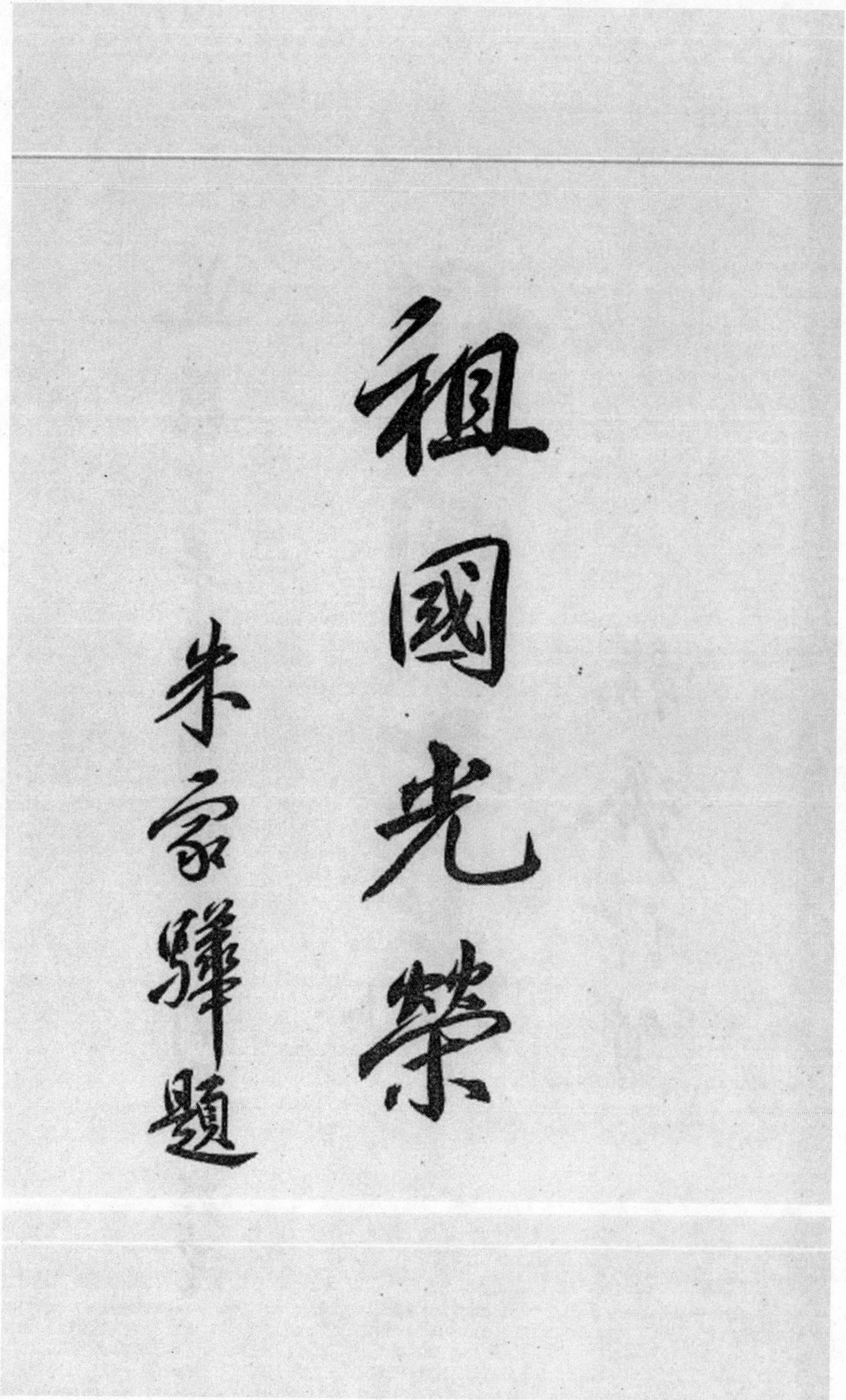
祖國光榮
朱家驊題

暹羅中華總商會會所開幕典禮

# 觀國之光

楊鈴謹賀

暹羅中華總商會幕誌慶

# 祖國增輝

劉紀文敬題

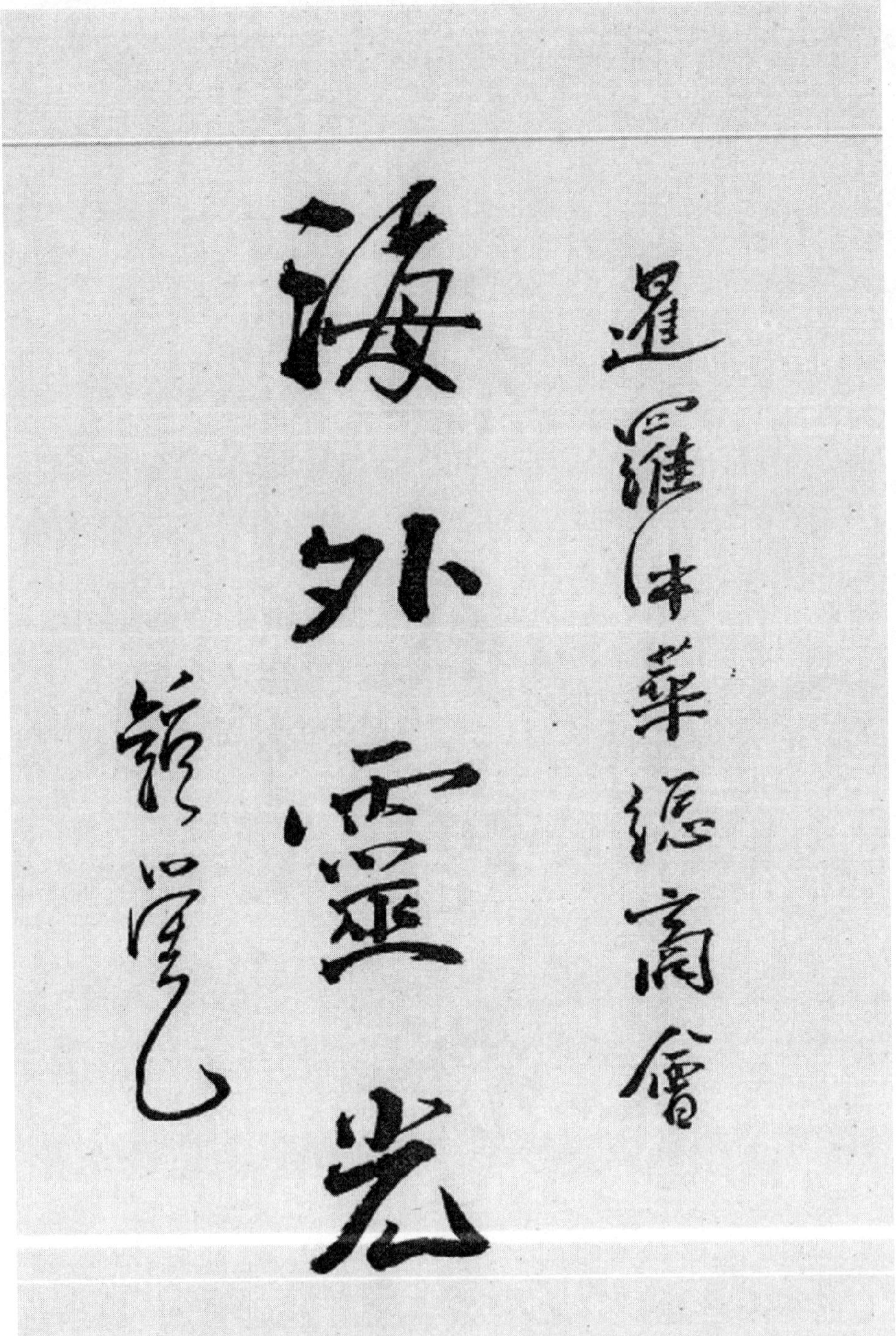
暹羅中華總商會
海外靈光

暹京中華總商會誌慶

# 發揚光大

周啓剛敬題

暹京中華總商會屬題

華國厚民

十九年元旦 陳籙

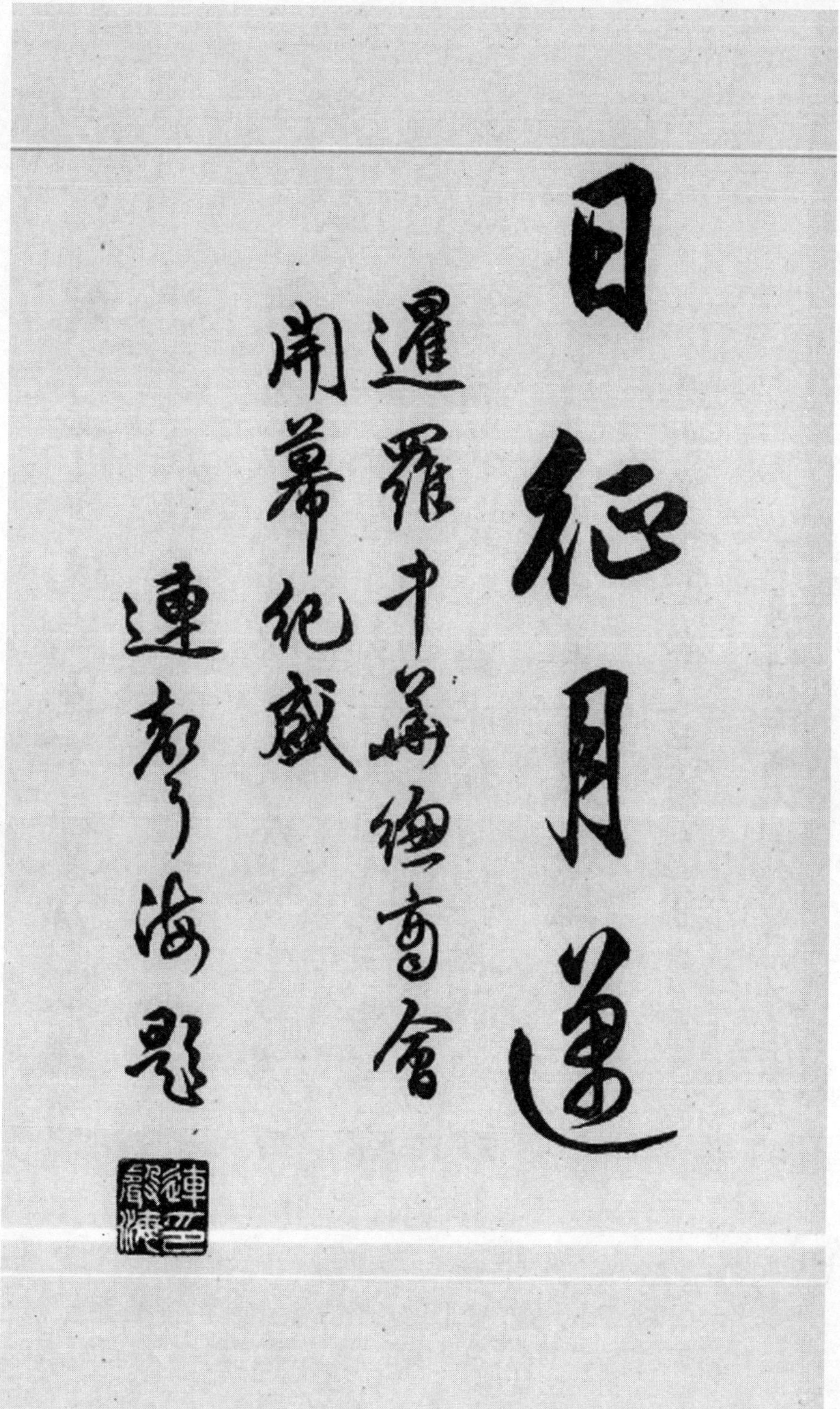
日征月邁
暹羅中華總商會
開幕紀盛
連聲海題

觥々華胄遠遊暹京猶著祖鞭海國
蜚聲建設會所豫大豐亨美輪美奐
衆志成城非以美觀基礎以成君子
務本本立道生發揚國貨貿易繁榮
業精於勤精益求精日進無疆雄視
滄瀛海天萬里共矢忠誠

暹京中華總商會建築會所落成開幕

上海特別市商人團體整理委員會敬頌

暹京中華總商會建築會所落成開幕

# 發揚國光

上海特別市商人團體整理委員會常務委員虞洽卿敬頌

暹京中華總商會會所落成誌慶

發揚國光

北平總商會主席團
冷家驥
高倫堂
楊以儉
同賀

暹羅中華總商會　新建事務所落成志慶

南洋華僑華於暹羅華商商務踵接肩摩
有總商會地利人和提綱挈領改善爲多
爰集众資版築喬柯落而成之熣燦巍峩
逢茲國慶永言高歌勉共奮起進與同科

中華民國全國商會聯合會敬祝

暹羅中華總商會特刊題詞

高瞻遠矚

廣州總商會敬

猗歟黃裔，奮跡南荒。
羣策羣力，拓乎國光。
大廈渠渠，英彥鏘蹌。
人貴互助，況此異鄉。
熏風南來，快聚冠裳。
能仁飫德，永秉周行。
邦之家都，慷慨激昂。
斯立國威，乘武廣張。
絢其天高，守此四方。
疇息千里，何間重洋。
祖國運隆，國乃永臧。
美哉此堂，與國並隆。
暹羅中華總商會落成誌慶
陳文麟敬祝

# 祖國之光

暹羅中華總商會
新會所落成紀念

馮自由敬祝

# 衆志成城

廣東中央銀行行長鄒敏初題

暹羅華僑總商會開幕頌詞

巨靈闢華五丁開山風雲詭變敻絕人寰猗歟僑胞具此魄力懋遷有無不囿方域星羅棊布英屬荷屬操奇計贏方駕殊俗豈惟列島樹茲風聲更殖民族於彼暹京運輸百物充物王庭迺設是會以策進行如車綰轂如屋建瓴藉資聯絡决戰匪兵縱橫馳騁控制海瀛如此眼光詎同凡近彼們羅派可以猛省奈何邦人習于鄉井不此之務其曷能競敢以斯辭警我睡獅作當頭棒爲引針磁奮乎商業踵此宏規充坼南服以張國旗

鄭洪年 八、三、

# 暹京中華總商會新建會所雙十節日開落成典禮紀念 并序

自海運通而五洲之大吾僑之足跡幾遍遠而歐美非澳諸邦近而英荷美法諸屬靡不有我神明華冑之族爰處爰居盛乎盛矣亞洲之東南部稱獨立國者曰暹羅其歷史與吾國原有悠久之關係土地肥沃物產豐饒旅是邦者閩粵之中潮僑為最聚處繁夥情感日深團結日固而商業之進展尤日見其雄富即商會之成立更益多歷年所況當年推翻專制力贊共和愛國熱忱又與吾人以深切之記憶而難忘秋八月惠書至道新建會所已告落成將於十月十日行開幕禮藉雙十之國慶作雙慶之紀念愛國愛羣兼而有之而念斯建設之偉大典禮之隆重不特物質上增進文明足壯觀瞻即其富改造之精神表刷新之氣象行見與我莊嚴燦爛之中華民國同垂永久矣敝會同人既忝同僑之末又屬同舟之誼對茲盛典觀光未遂遙祝有心敬具俚詞藉伸頌悃詞曰

赫赫華夏　開國有光　緬懷雙十　我武維揚　誰詡大業

華僑之良　策源革命　厥功安忘　引領暹京　萬姓歡呈

大哉商會　衆志成城　翬飛鳥革　畫棟雕甍　幕開此日

永表光榮　伊國之慶　伊僑之聲　下風拜手　謹貢微誠

新嘉坡中華總商會寄祝

十八·九·十·

## 頌詞

煥乎暹土　美盡南洋　蟬聯百貨　蝟集千檣

組茲大會　聯我華商　領袖闤闠　炳耀洋場

同僑福利　企業發揚　香江一水　輪舶相望

既聯聲氣　亦仰輝光　遠邀荃鑒　敬具蕪章

香港華商總會同人敬頌

暹京中華總商會落成開幕紀念

巍巍貴會峙立暹京莊嚴燦爛新屋告成

茲當開幕萃薈羣英精神團結譽滿寰瀛

巴達維亞中華總商會謹頌

暹羅中華總商會會所落成開幕紀念

巍巍大廈　屹峙暹京
值茲吉日　共慶厥成
精神薈萃　互策進行
民族之光　僑衆之榮

馬六甲中華總商會謹祝

暹京中華總商會會所落成　開幕誌慶

巍巍會址佳氣鬱葱基礎鞏固肆外閎中規模壯麗闤闠從風美輪美奐巧奪天工力圖建設幾費經營人才薈萃名噪暹京商業發展保泰持盈努力合作衆志成城國際貿易所寶惟賢講求商學振興市廛首善區域責在中堅頡頏歐美地以人傳遙居江漢舟誼同深不遺在遠相印以心天涯咫尺雅訂知音維持商法不共浮沈惟兹會所金碧輝煌雙十國慶召集羣商禮隆開幕示我周行華僑領導祖國之光

漢口特別市總商會敬祝

暹羅中華總商會新會所開幕紀念

美哉斯會　僑商中樞　開幕典禮　我民歡呼
國貨列覽　炫燿寰宇　並駕歐美　利權永固
佛丕育英學校祝

中華總商會開幕誌盛

國貨之光

瓊島會所鞠躬

暹羅中華總商會會長

黃慶修先生監修新會所落成誌慶

祖國之光

中華全國道路建設協會

副會長 蔣尊簋

正會長 王正廷

副會長 孔祥熙

總幹事 吳山

謹賀

暹羅中華總商會會所落成開幕紀念

天南敦誼　國族競雄

發揚主義　麗日行空

中央僑務委員會祝

暹羅中華總商會新會所開幕紀念

整刷精神　提倡國貨

壯健祖國　經濟命脈

三哇公立新民學校敬贈

暹羅中華總商會新會所開幕紀念

華僑之光

大城公立覺民學校校董蔡如海等敬贈

中華總商會開幕誌慶

地球東西各國以我國爲最大銷貨場惟願我四百兆個阿斗醒來速醒來非我國貨不用非國產不食不十年我國工商前途定有驚人之表率

呵叻城明義學校贈

暹羅中華總商會開幕紀念

僑具爾瞻

潮州公立培英學校潮州女校敬贈

中華總商會開幕盛典

物中華產

式式精神

時七十有三歲李浚生書贈

中華總商會開幕紀念

華商利賴

培華女校敬贈

中華總商會開幕紀念

英華薈萃

廣肇別墅坤明德學校敬祝

暹羅中華總商會開幕紀念

僑商保障

培英學校

盧鶴齡　黃伯衡　張筱盦

蘇谷良　杜柳亭

敬贈

暹羅中華總商會落成開幕紀念

作吾僑之燈塔爲三
民之表彰慶美輪而
美奐祝殖民之寖昌
湄江之岸國徽飄揚
工商宏進祖國有光

福建僑務委員會委員兼福州辦事處主任
葉見元敬祝

中華總商會新會所開幕紀念

僑界長城

彭世洛張合利襤敬賀

中華總商會開幕並陳列國貨紀念

國華薈萃

南洋兄弟烟草公司敬祝

中華總商會開幕

提倡國貨

第五支部贈

暹羅中華總商會新會所落成誌喜

珠聯璧合

中國上海香亞化妝品公司敬祝

暹羅中華總商會會所落成題詞

湄南河流回繞盤谷賫裝來茲胥我民族商場聿興

賓館斯築賓至如歸觴酒豆肉執其牛耳壇坫肅肅

廣益集思匪惟修睦團體所聯主權可復爰於落成

爲吾僑祝

福建省政府主席楊樹莊

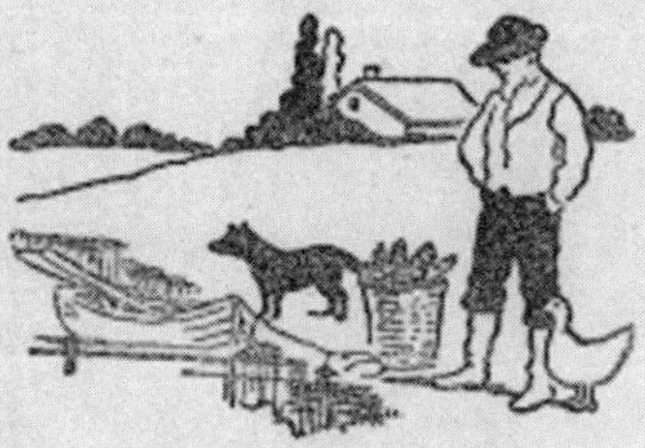

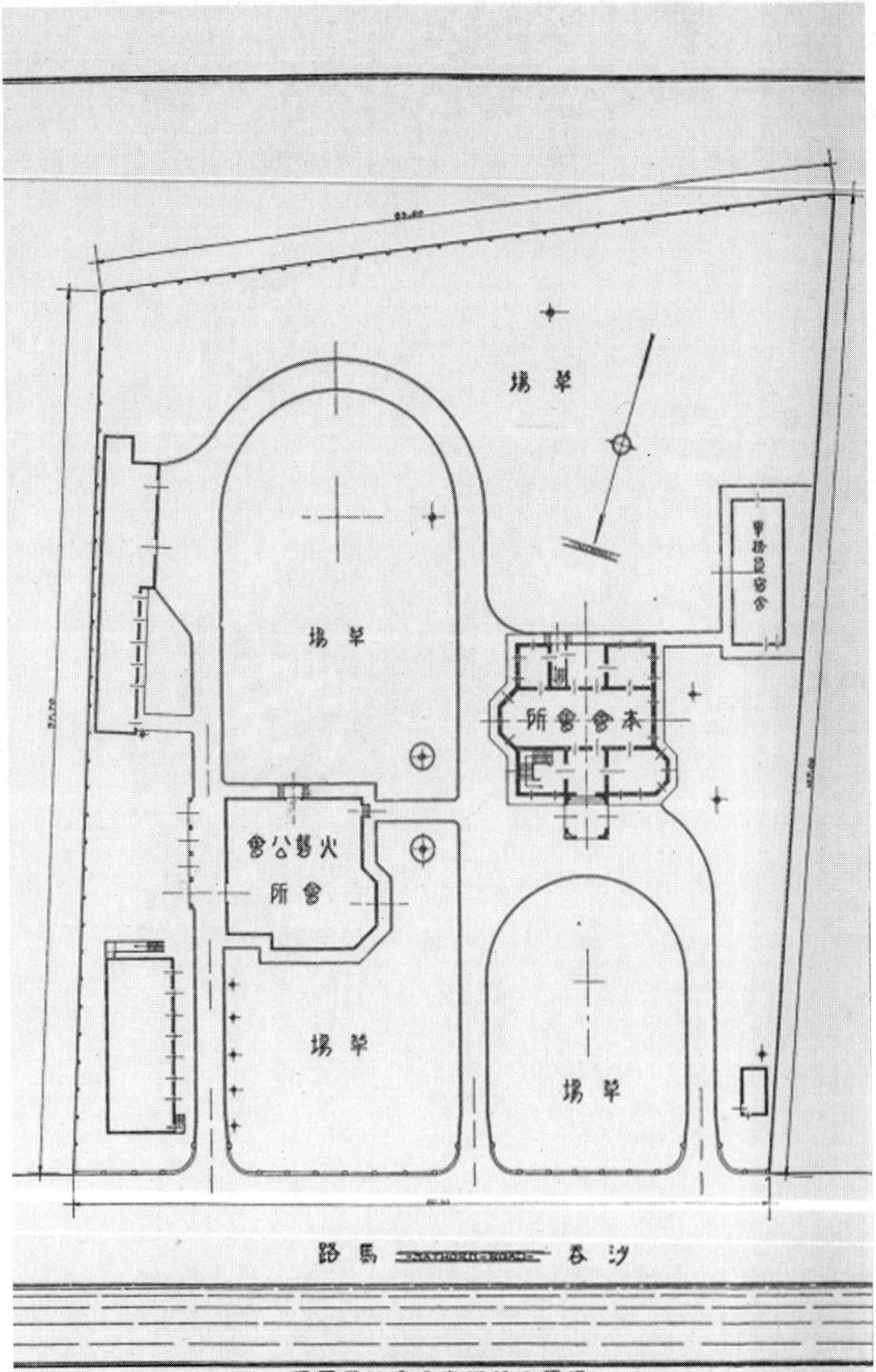


暹羅中華總商會會址平面圖

會
攝影

會所平面圖

（上）會所遠攝

（中）會所前方草場

（下）會所背面

（上）事務員宿舍　（下）會議堂

會客廳（一）

會客廳（二）

（上）事務所　（下）書記室

招待處

讌客室

應接室

(上)商業圖書室　(下)閱報處

游戲室(一)

游戲室(二)

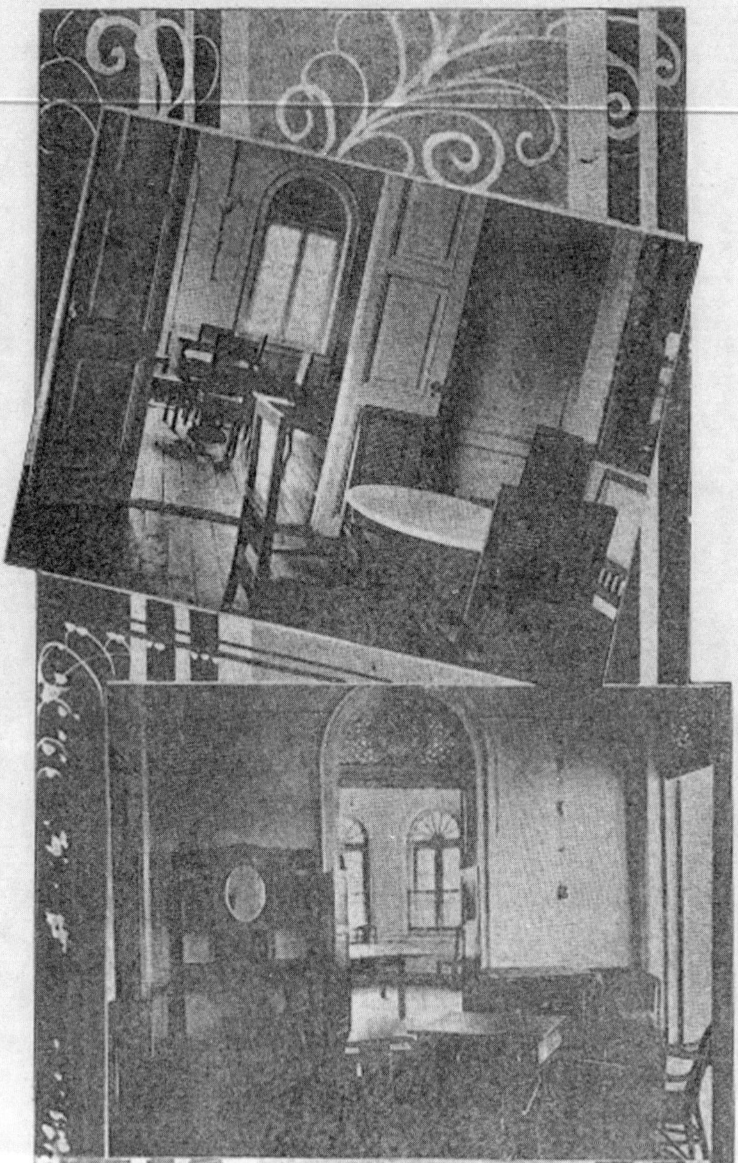

品茗室

休息室

留賓室

賓客辦事室

民十九年加建國貨陳列館後之本會全影

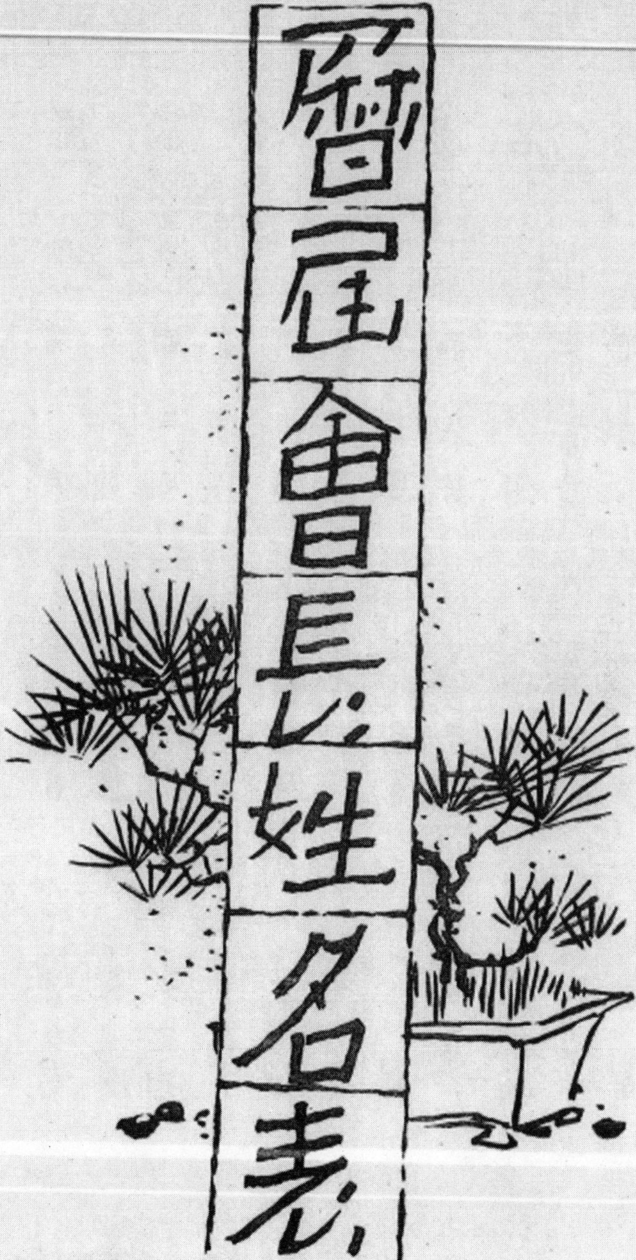
歷屆會長姓名表

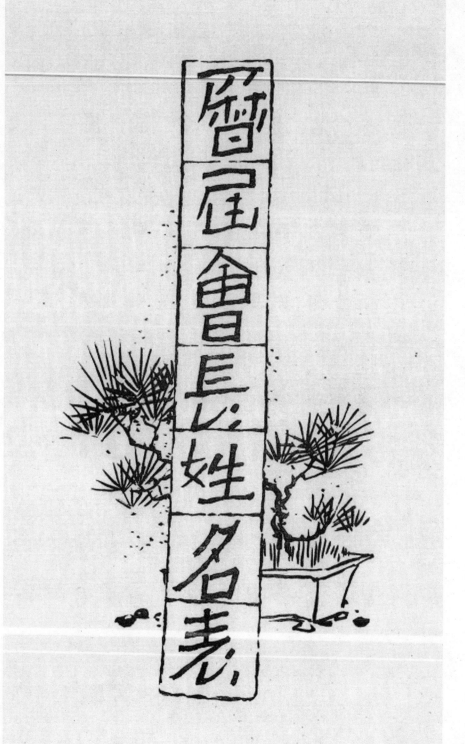

# 歷屆會長姓名表

| 屆次 | 正 | 副 |
| --- | --- | --- |
| 第一屆 | 高學修 | 陳掄魁 |
| 第二屆 | 高學修 | 陳掄魁 |
| 第三屆 | 高學修 | 陳掄魁 |
| 第四屆 | 陳掄魁 | 林潤川 |
| 第五屆 | 陳澄波 | 蔡鶴齡 |
| 第六屆 | 高學修 | 馬棠政 |
| 第七屆 | 高學修 | 李竹濟 |
| 第八屆 | 高學修 | 伍佐南 |
| 第九屆 | 廖葆珊 | 伍佐南 |
| 第十屆 | 周焯煇 | 陳梧賓 |
| 第十一屆 | 黃慶修 | 蕭鏗麟 |

# 歷屆會長

高學修先生

林潤川先生

# 歷屆會長

陳澄波先生

馬棠政先生

# 歷屆會長

陳掄魁先生

伍佐南先生

# 歷屆會長

廖葆珊先生

陳梧賓先生

# 歷屆會長

周焯煇先生

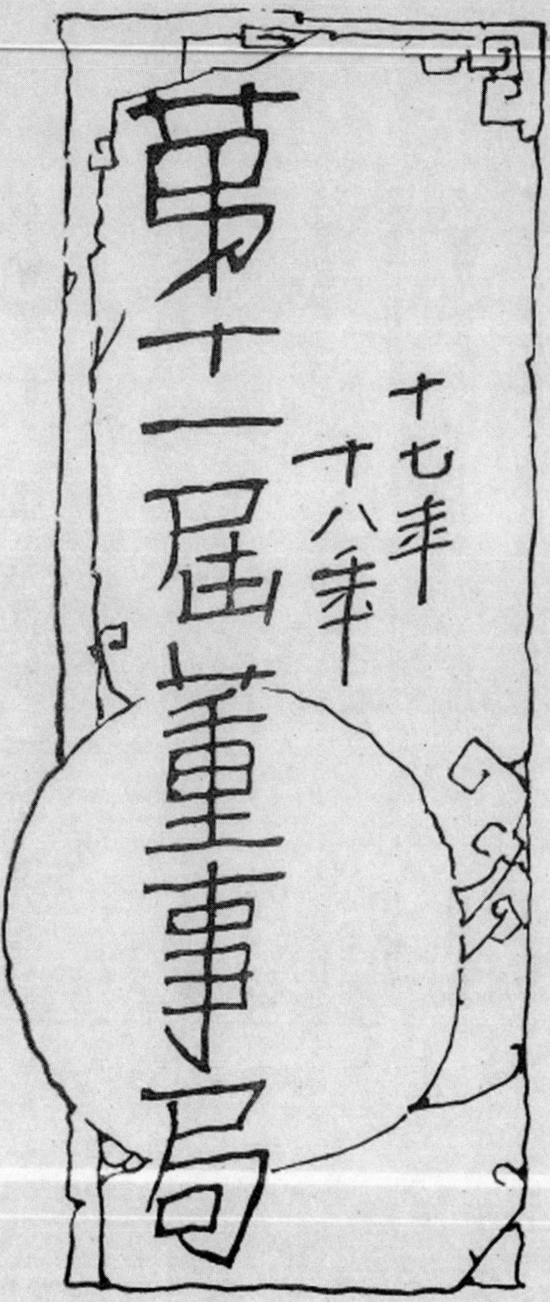
十七年
十八年
第十一屆董事局

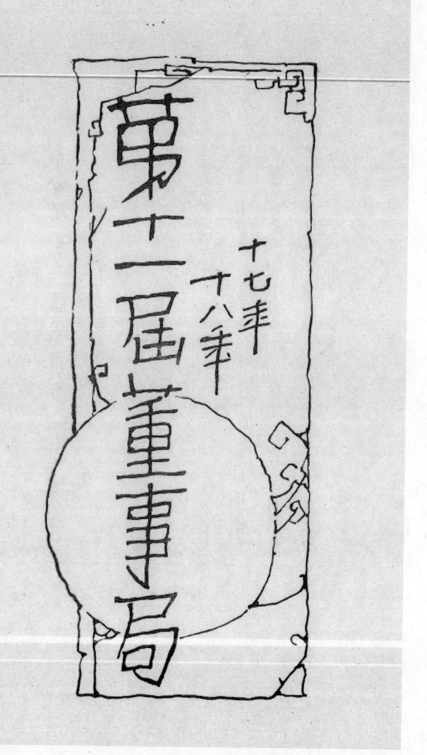

# 本會第十一屆職員表一 民國十八年

## 董事局

正會長……黃慶修
副會長……蕭鏗麟
名譽秘書……黃百始
名譽正財政……許仲宜
名譽副財政……劉錫如
名譽法律顧問……陳鐸如

正會長
黃慶修先生

副會長
蕭鐙麟先生

名譽秘書
黃百始先生

名譽正財政
許仲宜先生

名譽副財政

劉錫如先生

名譽法律顧問
陳繹如先生

# 本會第十一屆職員表二　民國十八年

董事

伍佐南　陳欣木　李蘊玉　李偉卿　盧賦川

賴渠岱　廖靜波　陳夢菴　吳仰喬　陳焯剛

陳紹基　沈芝嘉　周焯輝　梁基鵬　林曜吾

陳秉棠　許少鋒　廖奉生　陳寧思　黃求標

陳炳春　馬立羣　高暉石　梁篤信　雲竹亭

廖振松　林簡相　蘇友亨　裕和利　符福臨

周杏村　劉介臣　陳蜜來　盧文波　李柏倫

蔡宜當　李竹漪　曾以仁　陳梧賓　葉雲舫

曾季園　丘悟真　陳鶴珊　劉寶鎏　永安堂

李介之　元簡伯　高伯章　鄭成順利

# 第十一屆董事

伍佐南先生

陳欣木先生

李蘊玉先生

# 第十一屆董事

李偉卿先生

盧瞅川先生

賴渠岱先生

# 第十一屆董事

廖靜波先生

陳紹基先生

沈芝嘉先生

# 第十一屆董事

周焯煇先生

梁基鵰先生

林曜吾先生

# 第十一屆董事

陳秉棠先生

許少鋒先生

廖泰生先生

# 第十一屆董事

黃求標先生

馬立羣先生

高暉石先生

# 第十一屆董事

梁篤信先生

雲竹亭先生

廖振松先生

# 第十一屆董事

林簡相先生

蘇友亨先生

符福疇先生

# 第十一屆董事

周杏村先生

劉介臣先生

陳蜜來先生

# 第十一屆董事

李柏倫先生

蔡宜當先生

曾以仁先生

# 第十一屆董事

陳梧賓先生

葉雲舫先生

曾季園先生

# 第十一屆董事

陳鶴珊先生

劉寶鋆先生

胡文虎先生

# 第十一屆董事

李介之先生

元簡伯先生

高伯章先生

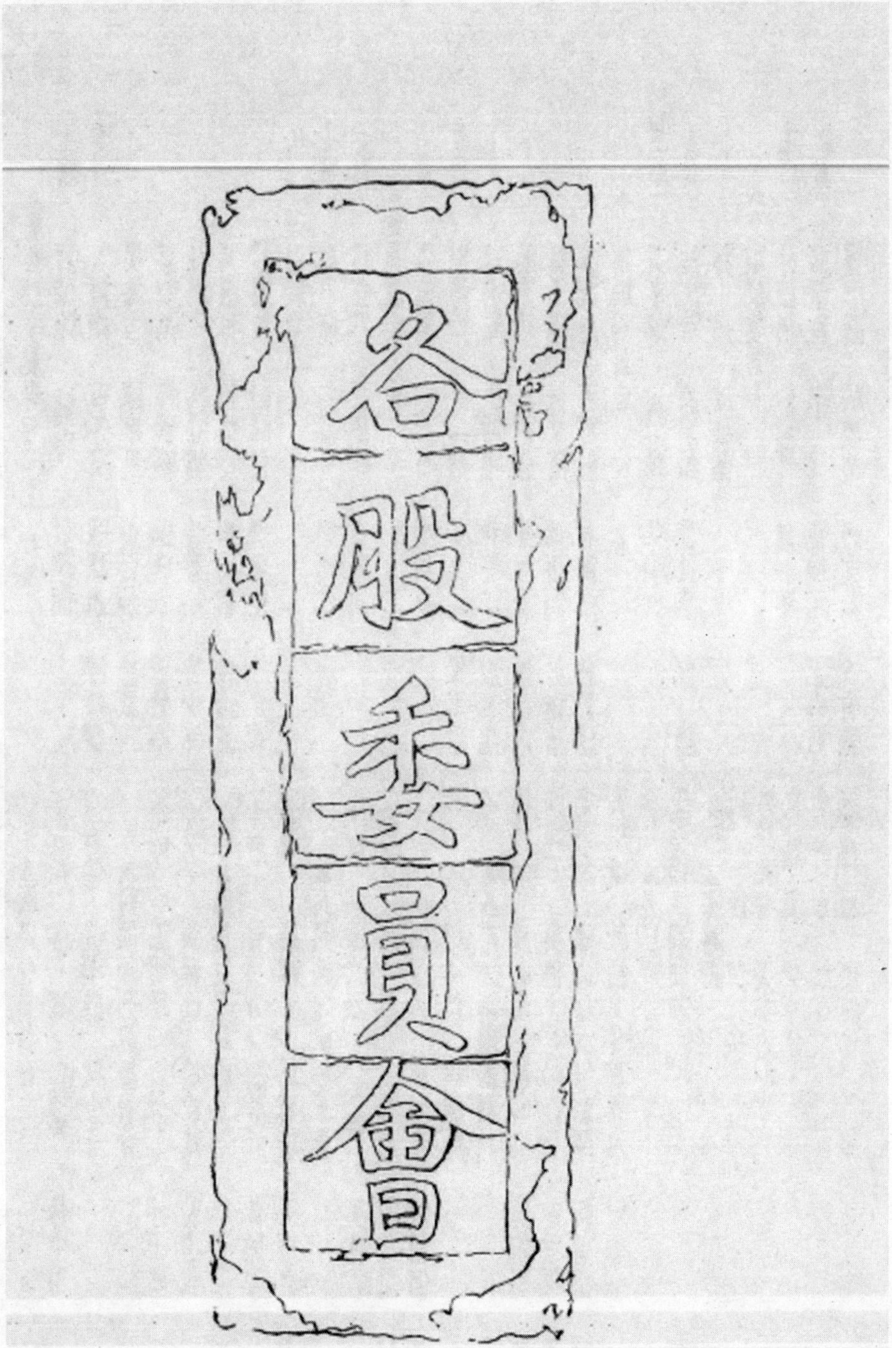
各股委員會

▲總務股委員會(即會事部)

（主席） 周焯輝 （秘書） 曾季園

（委員） 黃慶修 蕭鏗麟 陳繹如 陳梧賓

吳佛吉 陳寧思 黃百始 盧麟川

葉雲舫 陳武烈 陳欣木 雲竹亭

林緝澤 馬立羣 黃碧荃 許少鋒

馮爾和 賴渠岱 梁篤信 韓金豐

林簡相 劉開初 廖泰生

▲理財股委員會

（主席） 周焯輝 （秘書） 梁篤信

（委員） 馬立羣 張德興 盧麟川

▲會員股委員會

（主席） 張德興 （秘書） 梁樹筠

（委員） 周焯輝 許超然 黃文逑 梁篤信

曾季園 王明福 林簡相 廖泰生

葉雲舫 李柏倫 陳河清 楊存統

林子堅 熊文階 馮爾和 林樹藩

陳經忠 韓靜軒 林緝澤 符幹雙

▲宣傳股委員會

（主席） 黃孝餘 （秘書） 馮少文

（委員） 熊文階 劉錫如 蔡世蓁 何　驥

林中川 顏仙荃

▲交際股委員會

（主席） 林簡相 （秘書） 何　驥

（委員） 馮爾和 李　秉 韓坤元 梁鳴鳳

曾季園 張德緒 埘文幹 黃有鸞

▲圖書股委員會

（主席） 何　驥 （秘書） 林中川

（委員） 黃孝餘 馮少文

▲商品陳列股委員會

（主席） 王明福 （秘書） 林子堅

（委員） 張駿武 楊存統 黃有鸞

▲游藝股委員會

（主席） 曾拱謙 （秘書） 黃順和

（委員） 馬國熙 馬國康 王一之 馮少文

▲商品鑑定處委員會

（主席） 陳武烈 （秘書） 吳佛吉

（委員） 馬立羣 葉雲舫 蕭鏗麟 韓金豐

馮爾和 廖泰生 陳梧賓 黃慶修

梁篤信 周焯輝

▲商事公斷處評議員

伍佐南 盧麟川 葉雲舫 陳寧思 蕭鏗麟

高暉石 吳佛吉 韓金豐 黃求標 雲竹亭

馮爾和 陳武烈 周焯輝 賴渠岱 陳繹如

黃慶修 陳梧賓 馬立羣 曾季園

▲名譽製圖師

王明福 劉開初

▲事務部

司　　理 黃碧荃

外務秘書 吳佛吉

文 牘 員 梁卓雲

會 計 員 姚學文

庶 務 員 區梓南

# 各股委員會

## 總務股

周焯煇先生

曾季圍先生

黃慶修先生

蕭鑋麟先生

# 各股委員會

## 總務股

陳繹如先生　　陳梧賓先生

吳佛吉先生　　黃百始先生

# 各股委員會

## 總務股

盧厭川先生　　葉雲舫先生

＊＊＊＊＊

陳武烈先生　　陳欣木先生

# 各股委員會

## 總務股

雲竹亭先生　　林鴻澤先生

馬立羣先生　　黃碧荃先生

# 各股委員會

## 總務股

許少鋒先生

馮爾和先生

賴渠岱先生

梁篤信先生

# 各股委員會

## 總務股及理財股

劉開初先生

林簡相先生

周焯煇先生

廖泰生先生

## 各股委員會

### 理財股

梁篤信先生

馬立羣先生

張德興先生

盧廉川先生

# 各股委員會

會員股

張德巽先生

梁樹筠先生

周焯煇先生

許超然先生

# 各股委員會

## 會員股

黃文逑先生

梁篤信先生

曾季圍先生

王明福先生

# 各股委員會

## 會員股

林簡相先生

廖泰生先生

葉雲舫先生

李柏倫先生

# 各股委員會

## 會員股

楊存統先生

林子堅先生

熊文階先生

馮爾和先生

# 各股委員會

## 會員股

林樹藩先生　陳經忠先生

林鴻澤先生　符幹燮生生

## 各股委員會

### 宣傳股

黃孝餘先生

馮少文先生

熊文階先生

劉錫如先生

# 各股委員會

## 宣傳股及交際股

蔡世棻先生

何驤先生

顏仙荃先生

林簡相先生

# 各股委員會

## 交際股

何驄先生

馮爾和先生

曾季圖先生

張德緒先生

# 各股委員會

## 交際股及圖書股

黃有鸞先生　何驤先生

黃孝餘先生　禤少文先生

# 各股委員會

## 商品陳列股

王明福先生　　林子堅先生

張駿武先生　　楊存統先生

# 各股委員會

## 圖書股及游藝股

黃有鸞先生

曾拱謙先生

馬國熙先生

馬國康先生

# 各股委員會

## 游藝股及商品鑑定處

王一之先生

馮少文先生

陳武烈先生

吳佛吉先生

# 各股委員會

## 商品鑑定處

馬立羣先生

葉雲舫先生

蕭鏗麟先生

馮爾和先生

# 各股委員會

## 商品鑑定處

廖泰生先生

陳梧賓先生

黃慶修先生

梁篤信先生

# 各股委員會

## 商品鑑定及商事公斷

周焯煇先生

伍佐南先生

盧猷川先生

葉雲舫先生

# 各股委員會

## 商事公斷

蕭鏗麟先生　　高暉石先生

吳佛吉先生　　黃求標先生

各股委員會

商事公斷

雲竹亭先生

馮爾和先生

陳武烈先生

周焯煇先生

# 各股委員會

## 商事公斷

賴渠岱先生

陳繹如先生

黃慶修先生

馬立羣先生

## 各股委員會

商事公斷及製圖事務

曾季圖先生

王明福先生

劉開初先生

黃碧荃先生

# 各股委員會

## 事務

吳佛吉先生

梁卓雲先生

姚學文先生

區梓南先生

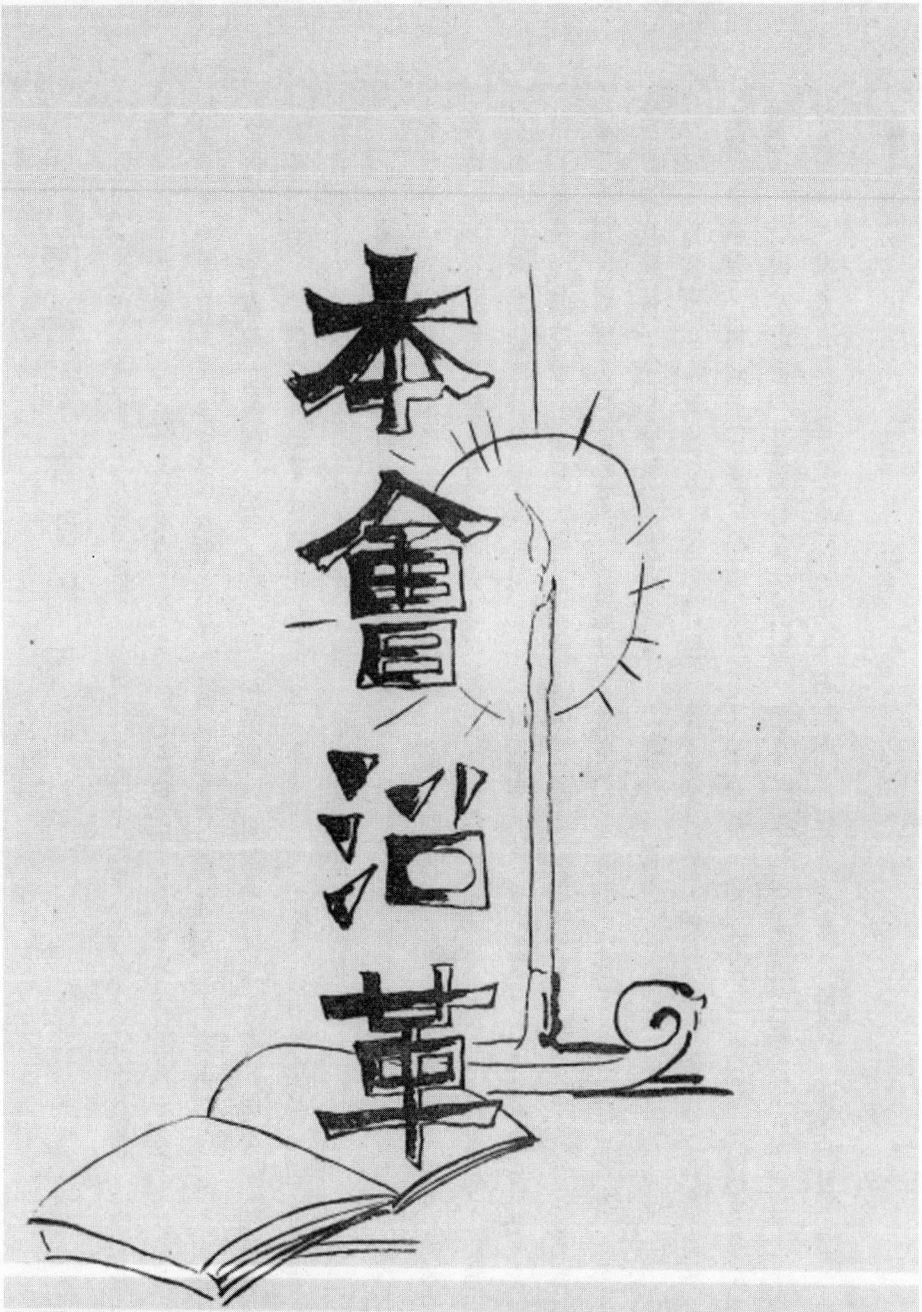
本會沿革

# 兩年來會務概況

溯本會成立於清季宣統二年，（西曆一九一一年）垂今已二十餘載；循例職員每屆任期二年，凡歷十一屆。在過去二十餘年之歷程中，本會所爲僑社服務之成績如何，已盡量呈現於事實上，早爲國人所共見。顧以社會日趨進步，潮流與時俱新。本會受新時代之鞭策，新潮流之激刺，有不容不順應時勢，以謀改進者。本屆同人，就職而後，認爲時殊勢異，非墨守成規，所能應付得宜。是以一二年來，對於會務，頗有所更張。非敢矜異炫奇，蓋亦以聊盡吾輩職責云爾。茲特撮要述之如次：

自來任何會團之命脈，恆寄託於會團之章程。故會章之當否，會務之良窳繫焉。本會會章，訂定於二十餘年前，未加修改。雖主旨未曾離於商之立場，而其他規程，於運用時，多有陳舊不適之處。同人等視事之初，即極端注意。經一再考慮，認爲有修改之必要。爰組織臨時修改章程委員會，參考國內外商會章程，以資集思廣益。幾經磋商，草定條文，送交會員全體大會討論通過。計組織大綱五章，規條十六章，會議規則，董事局專則，商事公斷處條例，貨品估價處條例，各若干條。於民十七年夏，呈經當地政府批准立案後，公布實施。修改會章，於是告一段落。

當地爲東亞新興國家，國運日隆，商業亦日盛，顧以華洋雜處，列肆而居。難免因意見之參差，而致起利害之衝突。假令不予調解，勢必涉訟公庭。時間之損失固可惜，業務之妨礙尤非尠。且商行爲之糾紛，頗多民事性質。秉公調處，息事寧人；宜爲法律之所許。本會有鑒於此，用特於民十七年九月組立商事公斷處。推定評議員二十員，担任仲裁之責。當地同僑，如因商事有所爭執，儘可雙方聲訴理由，請予調解。

商之作用，原在為消費者與生產者之媒介。然時至今日，貿易場中，因貨物之真實問題，而起爭執者，比比皆是。矚顧彼歐美商人團體，多有設立機關，專事鑒別品質，釐訂價格，發給證書，以為中準者，惠工便商，法良意善，有足稱者。同人竊以為採他人之長，以匡己之不逮，乃份之宜。是以同年十一月有商品鑑定處之設立。推定委員十二員，以專其責。後此，僑商之營出入口業者，貨品有須鑑定時，本會得以勉效其勞。可免假手洋商會，多所扞格也。

抑有進者，本會為當地商人惟一法團；所負職責，頗屬非輕。一切會務之進行，自非集思廣益，分工合作，難期周詳適當。故於董事會之下，另組各股委員會，以襄董事會之不及。使會務巨細，先由各股各按程序，提出討論，擬定辦法，然後報告於董事會抉擇施行。爰於十七八年間，根據董事會議，決定計劃，先後將總務，理財，交際，會員，宣傳，游藝，圖書，商品陳列，各股委員會，組織成立。推定各股主席委員，分任工作，會務藉以推行，獲益良非淺鮮。

上所紀者，祇就犖犖大端而言。餘如派員參加奉安大典，反對廢止批包郵章，籌賑國內西北巨災，派員出席國際禁烟委員會等事，已詳載十七八年會務報告書。又如本會會所落成，開幕典禮，會員聯歡大會，附設臨時國貨陳列場，藝術陳列所諸端，經散見本刊各欄，均略而不贅。所望同僑，本日日新之精神，互相策勵，則造益同僑，寧有限量。

# 本會所購地建築成立之經過

商會之設。原藉以聯絡華僑之感情。保障商業之利益。設非有良好地點。集合團體。則商情渙散。商業因而不振。殊足惜也。本會舊會址歷年僦屋而居。湫隘囂塵。僅容旋馬。會有百人之敘集。則須假座他方。辦事既覺困難。敘會亦感不便。若不另圖別所。則何以責維繫而圖發展。迭經董事會會議。決定購置會所。另行建築。惟是工程浩大。經濟難籌。廖公葆珊。慷慨士也。歷年會務。得其贊助者已多。而於彌留時。復遺囑捐款萬銖。爲倡建本會所之用。復由前會長周焯輝君。副會長陳梧賓君等。各自解囊。復協同蕭鏗麟、賴渠岱、林簡相、劉紫笙、劉錫如、張德興、曾季圍、陳欣木諸君。竭力向各界募捐。旬日間竟獲鉅款十萬餘銖。乃於十七年四月八日。推舉籌建會所委員。周焯輝、陳梧賓、黃慶修、蕭鏗麟、陳欣木、許仲宜諸君。策劃一切。惟是地點問題。頗費躊躇。蓋處闤闠之中。則價昂而囂雜。若在荒郊之外。則交通迢遞。亦屬困難。乃積極進行。分途尋覓。始得一地於四丕耶路。僉以爲頗適合會址之用。於是開始徵收捐款。遂於是年八月廿四日定購焉。後火礱公會覓得一地於沙吞路。即孟米洋行舊址。面積共二千零九十七方哇。地契兩張。其一爲一千一百零八方哇。有三層洋樓一座。其一則九百八十九方哇。有二層洋樓二座。實取價十萬銖。照現在時價。每方哇以二十五銖計。二千餘哇。約值五萬銖。三座洋樓、及車房、廚房等。約值七萬銖。合共值十二萬銖。十萬之數。實屬相宜。故決意與火礱公會合購。火礱公會占十分之四。本會占十分之六。二層洋樓兩座。屬於火礱公會。三層洋樓。則屬於本會。兩會相連。協作互助。實有裨益。且建築間隔。均適所用。遂於第五次會員大會。提出討論。經衆議決。購買此新會址。因而略事修飾。煥然一新。成一宏偉之會所矣。現定規劃。地下闢爲會議室。辦事室。總室。書記室。庶務室。二樓則爲會客廳。圖書室。閱報室。品茗室。三樓除遊戲室外。則以備賓客停留之需。樓之左方。已加建樓宇一座。爲辦事人員住宿之所。廚房、膳堂、浴室、廁所在焉。將來籌有鉅款。當於後方草地。建一大禮堂。我華僑有若何之大慶會等演講。則可於是敘集矣。惟四丕耶之地。留爲建築屋宇。出租收息。藉充會費焉。

# 建築會所捐款芳名表

| | |
|---|---|
| 廖葆珊（遺囑） | 一〇·〇〇〇·銖 |
| 陳永 | 六·〇〇〇·銖 |
| 榮興隆 | 五·〇〇〇·銖 |
| 陳贊利 | 五·〇〇〇·銖 |
| 馬振盛 | 三·〇〇〇·銖 |
| 林公記 | 三·〇〇〇·銖 |
| 廣源隆 | 三·〇〇〇·銖 |
| 雲端和 | 三·〇〇〇·銖 |
| 老長發 | 二·五〇〇·銖 |
| 泰山行 | 二·五〇〇·銖 |
| 同順昌 | 二·五〇〇·銖 |
| 符泰興 | 二·〇〇〇·銖 |
| 陳怡隆 | 一·五〇〇·銖 |
| 盧裕隆 | 一·五〇〇·銖 |
| 黃養記 | 一·〇〇〇·銖 |
| 廣東銀行 | 一·〇〇〇·銖 |
| 陳焯剛 | 一·〇〇〇·銖 |
| 綠榮豐 | 一·〇〇〇·銖 |
| 洪錫齡 | 一·〇〇〇·銖 |
| 沈芝嘉 | 一·〇〇〇·銖 |
| 恆豐米行 | 一·〇〇〇·銖 |
| 宴芳樓 | 一·〇〇〇·銖 |
| 南洋兄弟烟草公司 | 一·〇〇〇·銖 |
| 怡順美 | 一·〇〇〇·銖 |
| 成元豐 | 一·〇〇〇·銖 |
| 蔡合源 | 一·〇〇〇·銖 |
| 蔡成源 | 一·〇〇〇·銖 |
| 梁福和 | 一·〇〇〇·銖 |
| 黃宣充 | 一·〇〇〇·銖 |
| 耀華力藥房 | 一·〇〇〇·銖 |
| 沈鎮河 | 一·〇〇〇·銖 |
| 成豐 | 一·〇〇〇·銖 |

| | |
|---|---|
| 裕和利 | 一·〇〇〇·銖 |
| 陳嘉庚公司 | 一·〇〇〇·銖 |
| 捷利豐 | 一·〇〇〇·銖 |
| 人豐萬利 | 一·〇〇〇·銖 |
| 永安堂 | 一·〇〇〇·銖 |
| 萬盛興 | 一·〇〇〇·銖 |
| 曾錦記 | 一·〇〇〇·銖 |
| 李得源 | 一·〇〇〇·銖 |
| 蕭鑾麟 | 一·〇〇〇·銖 |
| 萬和豐 | 一·〇〇〇·銖 |
| 黃慶修 | 一·〇〇〇·銖 |
| 陳炳春 | 一·〇〇〇·銖 |
| 泰和盛 | 六〇〇·銖 |
| 兩發利 | 五〇〇·銖 |
| 宏興隆 | 五〇〇·銖 |
| 泰和昌 | 五〇〇·銖 |
| 劉鴻興棧 | 五〇〇·銖 |
| 和平公司 | 五〇〇·銖 |
| 蘇利盛 | 五〇〇·銖 |
| 萬和盛 | 五〇〇·銖 |
| 永源豐 | 五〇〇·銖 |
| 林森茂 | 五〇〇·銖 |
| 濟和堂 | 五〇〇·銖 |
| 沙蜜神農藥房 | 五〇〇·銖 |
| 孫合興 | 五〇〇·銖 |
| 同泰興 | 五〇〇·銖 |
| 金生醫生 | 五〇〇·銖 |
| 佳發 | 五〇〇·銖 |
| 南成發 | 五〇〇·銖 |
| 榮昌泰 | 五〇〇·銖 |
| 萬爾和 | 五〇〇·銖 |
| 成南豐 | 五〇〇·銖 |
| 泰生源 | 五〇〇·銖 |
| 義瑞興 | 五〇〇·銖 |
| 林裕茂 | 五〇〇·銖 |
| 賜福堂 | 五〇〇·銖 |

| | |
|---|---|
| 馮瓊茂 | 五〇〇·銖 |
| 香叻汕公所 | 五〇〇·銖 |
| 劉錫如 | 五〇〇·銖 |
| 賴渠岱 | 五〇〇·銖 |
| 永順 | 五〇〇·銖 |
| 葉天生堂 | 五〇〇·銖 |
| 瓊泰興 | 五〇〇·銖 |
| 德和隆 | 五〇〇·銖 |
| 李蘊玉 | 五〇〇·銖 |
| 盧銓盛 | 五〇〇·銖 |
| 四海通銀行 | 五〇〇·銖 |
| 豐盛 | 四〇〇·銖 |
| 明德泰 | 三〇〇·銖 |
| 佳合 | 三〇〇·銖 |
| 吳廣順堂 | 三〇〇·銖 |
| 永泰合 | 三〇〇·銖 |
| 萬豐盛 | 三〇〇·銖 |
| 德昌 | 三〇〇·銖 |

| | |
|---|---|
| 合和隆 | 三〇〇·銖 |
| 瑞和棧 | 三〇〇·銖 |
| 泰盛兄弟公司 | 三〇〇·銖 |
| 厚德祥 | 三〇〇·銖 |
| 同和 | 三〇〇·銖 |
| 李天順堂 | 三〇〇·銖 |
| 亞洲保險有限公司 | 三〇〇·銖 |
| 華安保險有限公司 | 三〇〇·銖 |
| 永安保險有限公司 | 三〇〇·銖 |
| 聯泰保險有限公司 | 三〇〇·銖 |
| 上海保險有限公司 | 三〇〇·銖 |
| 先施保險有限公司 | 三〇〇·銖 |
| 潮安保險有限公司 | 三〇〇·銖 |
| 振華興 | 三〇〇·銖 |
| 朱廣利 | 三〇〇·銖 |
| 榮茂 | 三〇〇·銖 |
| 南盛 | 三〇〇·銖 |
| 長安保險有限公司 | 三〇〇·銖 |

| | |
|---|---|
| 香安保險有限公司 | 三〇〇·銖 |
| 謙和興 | 二五〇·銖 |
| 陳武烈 | 二五〇·銖 |
| 金和隆 | 二五〇·銖 |
| 炎利發 | 二〇〇·銖 |
| 盧怡記 | 二〇〇·銖 |
| 炳隆昌 | 二〇〇·銖 |
| 海鮮公司 | 二〇〇·銖 |
| 厚安 | 二〇〇·銖 |
| 吳兩盛 | 二〇〇·銖 |
| 余松合 | 二〇〇·銖 |
| 廣恆盛 | 二〇〇·銖 |
| 亨泰 | 二〇〇·銖 |
| 元泰興 | 二〇〇·銖 |
| 炳利豐 | 二〇〇·銖 |
| 瓊源豐 | 二〇〇·銖 |
| 榮利發 | 二〇〇·銖 |
| 林泰源 | 二〇〇·銖 |
| 成興兄弟公司 | 二〇〇·銖 |
| 振商保險公司 | 一五〇·銖 |
| 陳源順 | 一〇〇·銖 |
| 張城合 | 一〇〇·銖 |
| 合福盛 | 一〇〇·銖 |
| 順興 | 一〇〇·銖 |
| 王福華 | 一〇〇·銖 |
| 林華記 | 一〇〇·銖 |
| 鄭榮興 | 一〇〇·銖 |
| 鄭協昌 | 一〇〇·銖 |
| 合計 | 一一〇·九〇〇·銖 |

## 捐助傢私芳名表

| | |
|---|---|
| 華僑批業公所 | 四百銖 |
| 廣肇會館 | 五百五十銖 |
| 火礱公會 | 二千二百銖 |
| 江浙會館 | 五百五十銖 |
| 火礱公會 | 壹千銖 |

# 建築會所捐款芳名

廖葆珊先生

陳永先生

＊ ＊ ＊ ＊ ＊

周炳松先生

陳鵠珊先生

# 建築會所捐款芳名

馬立羣先生

林鴻澤先生

伍佐南先生

許若呂先生

# 建築會所捐款芳名

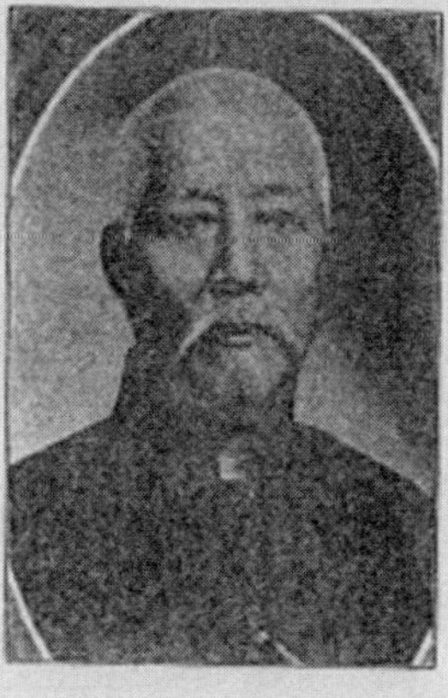

陳崢嶸先生

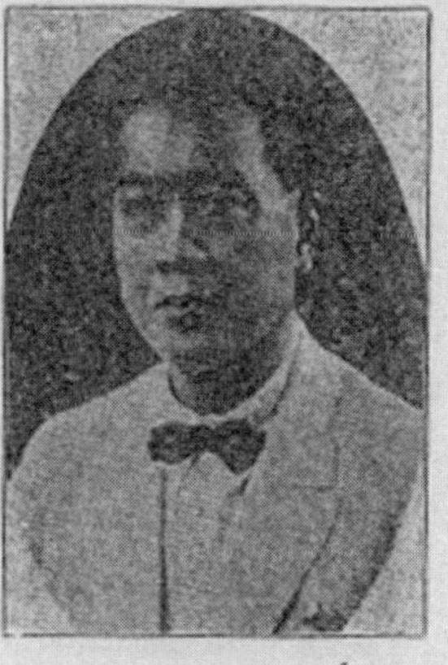

陳欣木先生

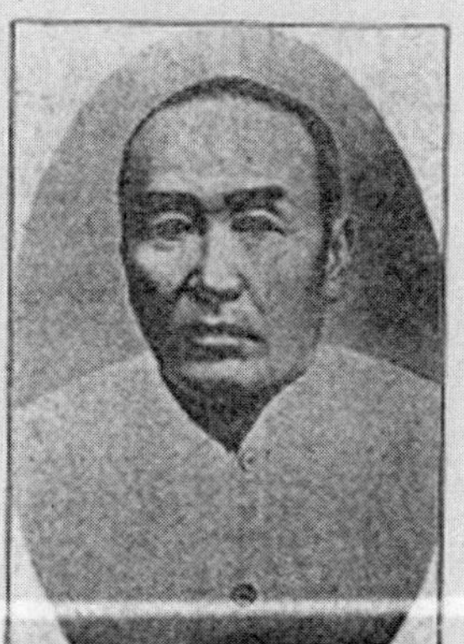

符福臨先生

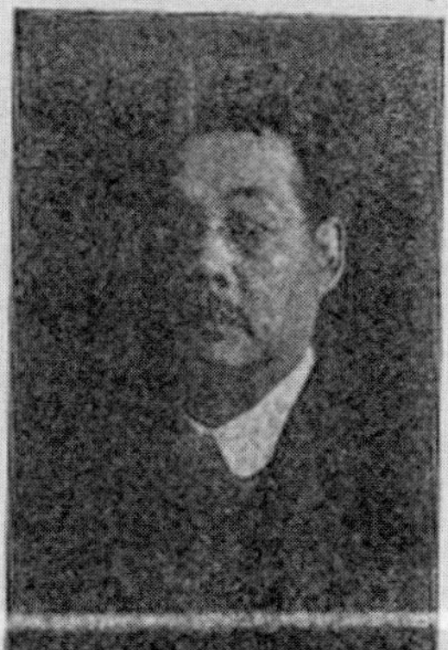

盧文波先生

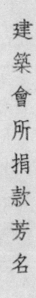

# 建築會所捐款芳名

黃慶修先生

黃求標先生

廣東銀行

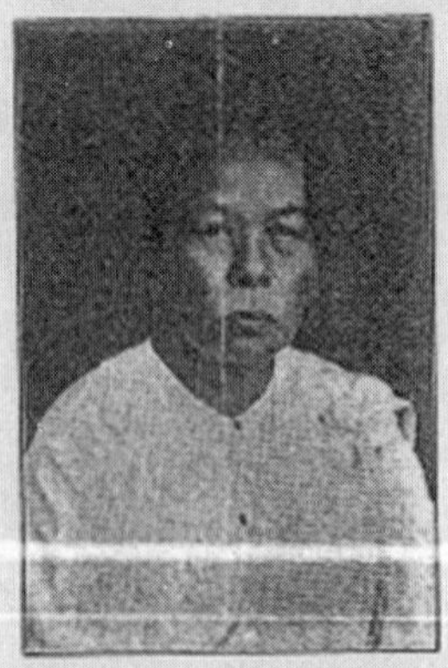

陳焯瀾夫人

# 建築會所捐款芳名

徐炎輝先生　洪正修先生

* * * * *

沈芝嘉先生　恆豐米行

# 建築會所捐款芳名

楊金益先生　　簡玉階先生

* * * * *

怡順美金行　　韓瓊豐先生

# 建築會所捐款芳名

蔡宜當先生

蔡石先生

梁基鵬先生

黃宣充先生

# 建築會所捐款芳名

劉雁賓先生　　陳蜜來先生

陳魯生先生　　陳嘉庚先生

# 建築會所捐款芳名

陳鳳毅先生　　王眞卿先生

＊＊＊＊＊

胡文虎先生　　李澤炳先生

# 建築會所捐款芳名

曾以仁先生　李英峯先生

蕭鏗麟先生　張德興先生

# 建築會所捐款芳名

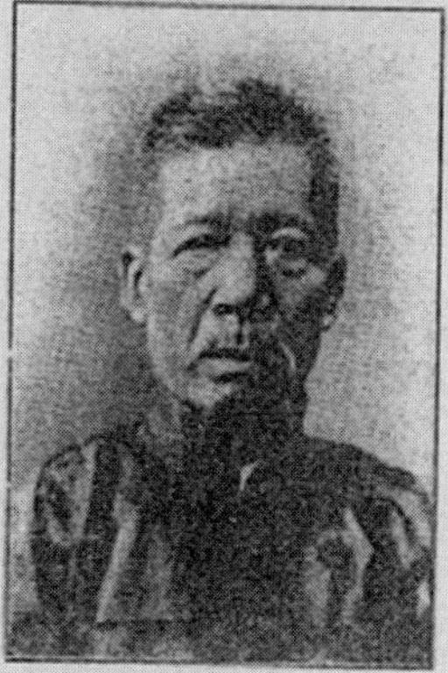

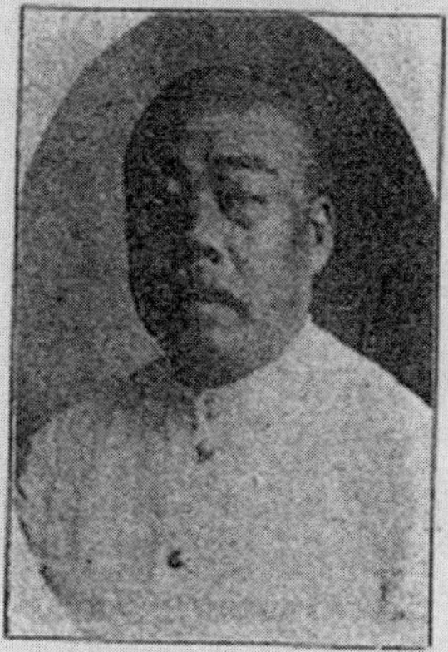

陳宗儀先生

熊幼霖先生

許必濟先生

沈鎮河先生

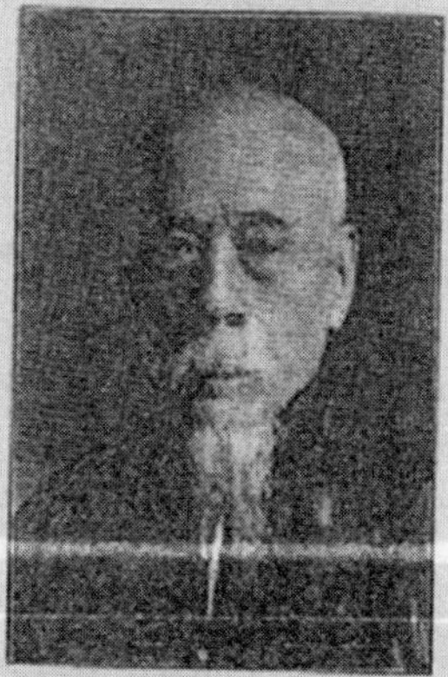

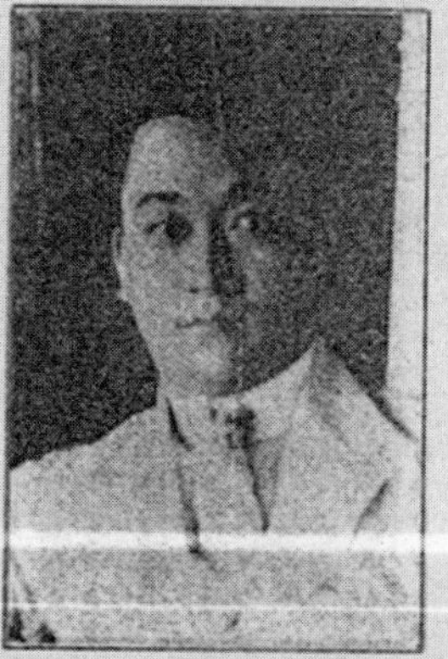

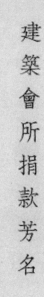

# 建築會所捐款芳名

蘇利盛先生

呂少溪先生

林森茂先生

陳秉棠先生

# 建築會所捐款芳名

黃有鸞先生

孫宗國先生

金生醫生

黃傳發先生

# 建築會所捐款芳名

丘悟眞先生　　馮爾和先生

* * * * *

廖泰生先生　　余文仁先生

# 建築會所捐款芳名

林天裕先生　　馮夙瓊先生

＊＊＊＊＊

黃愛羣先生　　劉錫如先生

# 建築會所捐款芳名

叻文幹先生

葉雲舫先生

王魁文先生

廖靜波先生

# 建築會所捐款芳名

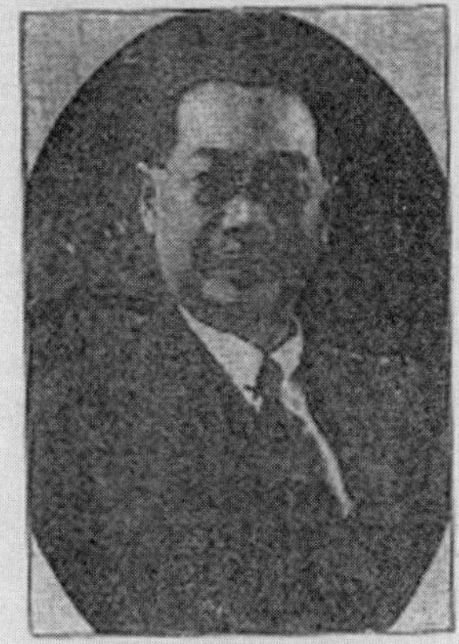

李蘊玉先生

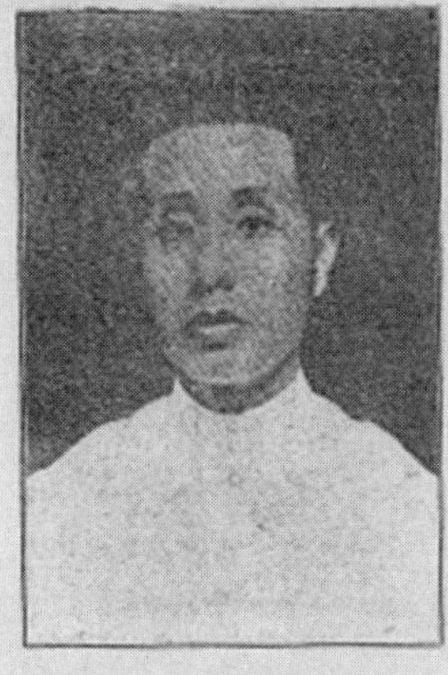

盧銓盛先生

李偉卿先生

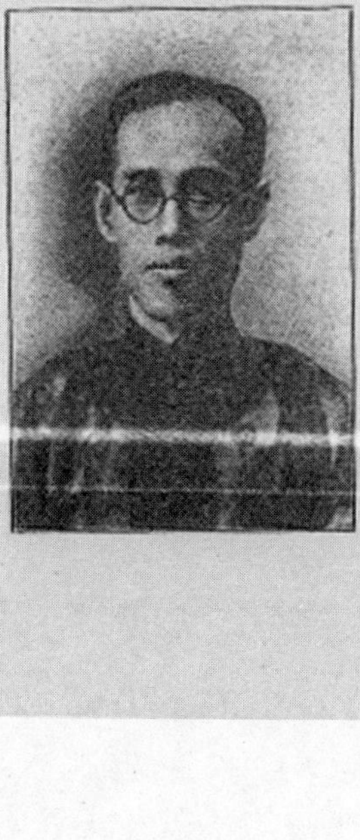

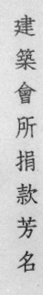

暹皇恩賜

# 暹羅耀華力有限公司

# THE JAWARAD COMPANY, LTD.

總公司耀華力路電話六二五號

第一分公司挽力電話五七四七號　第二分公司四方廠電話一五一一號

本公司專辦全球各種貨品素以貨眞價實以待各界人士之惠顧故於暹羅中可稱最有信實與貨品最齊備之大公司也其中之貨品分爲

眼鏡部　鐘錶部

化學儀器部　槍器部

香油部　藥品部

粧品部　文具部

玩具部　日用雜物部

等各部之中所有中西物品無不應有盡有以貢獻各界人士之採用諸君有所需要者請蒞本公司參觀或致信購辦無任歡迎

暹京耀華力有限公司啓

# 開幕典禮

(上)暹王駕到時　(下)暹王后在歡迎亭內

「亭後各王公大臣及各國公使領事」

(上)暹王開幕畢出歡迎亭　(下)到會來賓

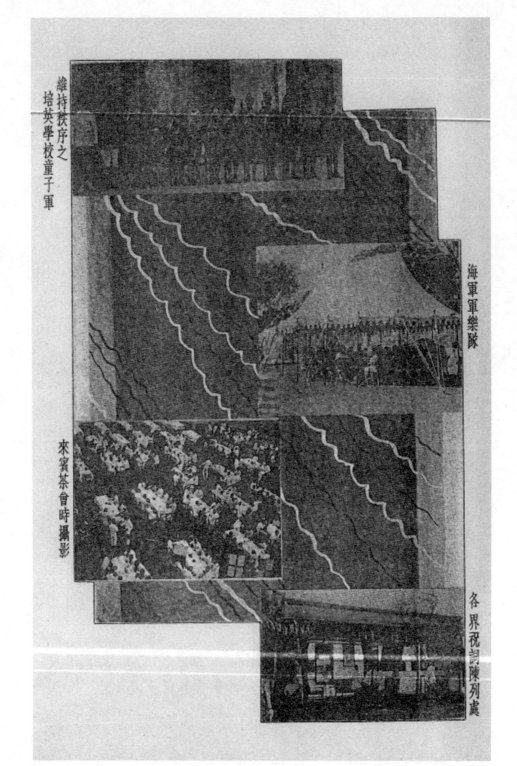

維持秩序之培英學校童子軍

海軍軍樂隊

來賓茶會時攝影

各界祝詞陳列處

# 本會會所開幕記

本會自購置會所後。即鳩工庀材。從事粉飾。祇以中外觀瞻所繫。且恭請暹王與王后駕臨開幕。典禮尤須隆重。同時更陳列國貨與藝術品。及開華僑聯合游藝大會。一連七天。藉以提倡國產。發揚藝術。聯絡僑情。增加興趣。因時匆促。或有不盡如人意。而連日車水馬龍。人山人海。鬧熱非常。洵為我旅暹華僑空前之盛舉也。

▲會場布置

會所前面之草場。建一方亭。飾以黃綠布。鋪以地毯。中設暹王與王后坐位。前置小桌。陳一玉如意。是恭送暹羅王之紀念品也。亭後招待各部大臣。各國公使領事。右暹國海軍軍樂隊。會所屋頂之暹羅中華總商會橫額。用鮮豔之中國絲綢。暫時遮蓋。中暹國旗與會旗。迎風飄揚。會所之後方。即為國貨陳列場。各處寄來之出品。盡陳於斯。場後一帶。為參加陳列之各商號。左端一室。陳列國內外各處祝詞。其中名人題詞不少。至為珍貴。如胡戴兩院長。宋孫孔三部長。及駐外公使。廣東政界要人。上海。北平。漢口。廣州。星架坡。香港等商會。及本埠各學校各團體賀詞。右方之大草場。設臨時坐位。約容數百人。備開幕後招待來賓茶點。場之極端。設一臨時戲臺。即各團體各學校游藝所在。東邊為藝術陳列所。羅列各學校各藝術家作品。本會會所。國貨列陳場。藝術陳列所。與臨時戲台。均掛繞五色電燈。惟國貨陳列場高懸以電燈砌成國貨之光四字。參加陳列之各商號。或以電燈砌字。或以電燈環繞。爭奇鬬巧。輝煌奪目。

▲到會來賓

一月十四日下午四時半。除暹王偕同王后駕臨外。內務部及海陸軍部長洛坤素旺。暹王國丈。各部大臣。各國公使領事。及各機關各團體代表男女來賓約數千人。

▲會開秩序

（一）暹王駕到　（二）奏樂（暹國海軍軍樂隊）　（三）歡迎詞（董事李得源）（四）行揭幕禮　（暹王）　（五）訓詞（暹王）　（六）致謝詞（會長黃慶修）　（七）會長引各董事覲見暹王　（八）獻紀念品　（九）暹王參觀各處　（十）茶會

李得源先生代表本會致歡迎詞

本會恭獻暹王之紀念品

(十一)奏樂

▲致歡迎詞

董事李得源氏致歡迎詞云。本會新建會所開幕。伏承陛下恩蒞舉行。虔奉綸音。式歌且忭。伊惟會衆。莫大之榮。僑民咸鼓於王風。僑商尤霑於聖澤。其凝土量木。鳩工庀材。歌斯干之落成。賦此室而入處。原因僑庶。多隸栟檬。雖受一廛以營生。有資即可牟其利。而策羣謀之展進。無會甚難總其成。是以斂費經營。鮮原啓宇。務冀

(上)暹王訓詞　　(下)會長答詞

一新瞻視。諏吉成功。亦既開幕之有時。用請增榮夫大典。其在天顏咫尺。舉翔下逮恩光。顧或日理萬幾。未必誠如願望。不謂恩深覆載。一視同仁。抑且疊及葑葦。不遺在遠。萃華親幸。喜紆萬乘之尊。黃屋俯臨。媿荷百朋之錫。情不勝其賓服。舉會叨榮。道有盡於懷柔。全僑利賴。一人有慶。千載難逢。合比圍葵以自傾。晝惟向日。還盼海槎之紛至。秋則經天。咸戴逾涯。歡迎無任。

▲暹王訓詞

朕今日被中華總商會之邀請。為會所開模。朕甚喜悅。因暹羅有中華總商會之設。甚有利於暹羅國家。華暹人士。亦將咸受其益。並歷閱總商會之宗旨純正。更信所冀望之利益。可以對於諸君之同心一德。設立斯會。尤深嘉許。暹羅中華總商會。純爲暹羅境內之商業團體。不涉及任何國家之政治問題。爲獨立之社團。不在任何政治派系指導之下。純以暹國之法律爲矩範。此項重要意義。至爲正當。查世界各國政體不同。其政治亦因之而異。故凡甲國之人居留乙國時。不得以其所處地位。視與在其祖國時同一境況。其在居留人國之期間內。對於居留國之法律政治。應與居留國之人民。同一遵守。乃能享其安全。因各國雖各有其他不同之點。但對於國內人民。不論其屬何國籍。必使之安居樂業。則未有不同者。暹羅國境。自昔已有多數華人居留。華暹人士之感情。素來極爲親密。例如互通婚姻。共成眷屬。絕無猜嫌。足資明證。延至今日。暹羅政府特許華人在暹羅國境謀生。比在其他各國謀生者。尤多利便。其所以然者。因居留暹羅之華人。在居留期間。自古至今。對於暹之政治法律。知所愛護遵守。故暹羅政府對於維護人民之旨。華暹同等。並無歧視。中華總商會既明乎此。凡所動作。均堪表率。朕尤嘉慰。以後旅暹華人。倘能始終遵守此純正之宗旨。則華暹之親密。宛若一家。可深信其永久不渝。華人亦得與其他民族受暹羅政府以同等之待遇。朕甚願中華總商會各董事及各會員接受朕與王后之謝忱。以爲諸君歡迎朕等赴斯盛會之至意。並祝中華總商會凡所期望。皆能達到完滿之結果。

▲會長謝詞

會長黃慶修致謝詞云。伊惟本會。煞費經營。多年籌備。茲慶落成。適荷陛下。喜降霓旌。舉行開幕。典重儀型。亦惟王后。黃屋偕行。參加一致。審莫與京。仁風光被。愷澤欽承。全僑利賴。合會叨榮。賡歌市忭。感似葵傾。謹同有衆。懽謝聖明。

▲參觀陳列

開幕典禮既成。正副會長引暹王與王后。偕同內務部長。暹王國丈。各部大臣。各國公使領事。參觀各處陳列。由綱略木器公司起。至新華書局。暹王見上海商務印書館所出之華文打字機。頗覺新奇。因命該局主人。試驗一遍。始行離去。參觀畢。由正副會長會同第一組招待員。引暹王與王后至會所二樓。恭獻茶點。樓下由第二組招待員招待各部大臣各國公使。其餘中外來賓。則由第三組招待員招待茶會。

※ ※ ※

# 開幕典禮籌備委員會名表

主席　林子堅
秘書　何驥
常務委員　王明福　林簡相　馬國熙　曾季圖
廖泰生　蔡國良　張德緒　馮爾和
韓坤元　吳季達　利華輝　梁篤信
熊文階
委員　黃慶修　蕭鏗麟　黃百始　周焯輝
盧厥川　梁鳴鳳　劉錫如　黃碧荃
楊存統　葉雲舫　陳河清　曾錦記
許仲宜　吳佛吉　陳武烈　雲瑞和
陳梧賓　陳鶴珊　廣高隆　陳鐸如
李得源　黃文逑　許少鋒　黃孝餘
馬立羣　梁基鵬　張德興　吻呂
查文秩　比耶嘉大端

# 開幕籌備各部職員表

▲招待部

第一組招待員
黃慶修　蕭鏗麟　李得源　陳武烈　比耶嘉大端

第二組招待員
黃百始　雲竹亭　伍佐南　韓金豐　熊文階
游廣元　陳蜜來　林簡相　梁鳴鳳　吳佛吉
梁篤信　王明福　李蘊玉　黃碧荃　黃有鸞
吻呂

第三組招待員
林子堅　周焯輝　馬立羣　廖泰生　盧厥川
韓坤元　黃孝餘　黃文逑　葉雲舫　張德興
許仲宜　劉錫如　陳鐸如　陳凡木　賴渠岱
何驥　陳梧賓　馮爾和　符福臨　楊存統
曾以仁　呂成利

▲陳列部

王明福　楊存統　張駿武　黃有鸞　林子堅

▲游藝部

林子堅　李秉　林簡相　蕭鏗麟　何驥
利華輝　熊文階　張德緒　蔡國良　葉雲舫

▲藝術部

彭辭六　柯保華　侯柳生

▲幹事部

總務主任　黃碧荃
佈置主任　王明福
劇場主任　黃伯衡　黃耀基　馮少文
文牘主任　顏仙荃　陳式殿　葉科　李瑞昌

# 籌備委員會

林子堅君

何　驤君

王明福君

林簡相君

馬國熙君

曾季園君

# 籌備委員會

廖泰生君　蔡國良君　張德緒君

馮爾和君　利華輝君

梁篤信君

# 籌備委員會

熊文階君

黃慶修君　蕭鏗麟君

黃百始君　周焯煇君　盧賡川君

# 籌備委員會

劉錫如君　黃碧荃君　楊存統君

葉雲舫君　曾以仁君

許仲宜君

# 籌備委員會

吳佛吉君

陳武烈君

陳梧賓君

陳鶴珊君

陳鐸如君

李英峰君

## 籌備委員會

黃文逑君　許少鋒君　黃孝餘君

馬立羣君　梁基鶴君

張德興君

# 籌備各部職員

## 招待部

陳武烈君

黃百始君

雲竹亭君

蕭鏗麟君

李英峰君

黃慶修君

# 籌備各部職員

## 招待部

伍佐南君　熊文階君　陳蜜來君

林簡相君　吳佛吉君

梁篤信君

# 籌備各部職員

## 招待部

黃有鸞君

林子堅君

周焯煇君

李蘊玉君

黃碧荃君

王明福君

# 籌備各部職員

## 招待部

馬立羣君
廖泰生君
盧厭川君
黃孝餘君
黃文逑君
葉雲勳君

# 籌備各部職員

## 招待部

陳繹如君

陳欣木君 許仲宜君

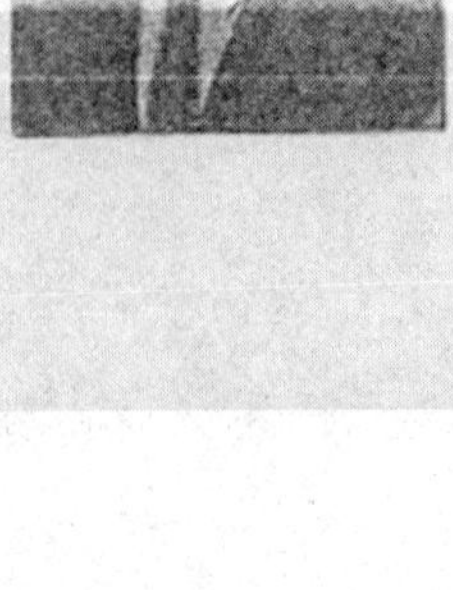

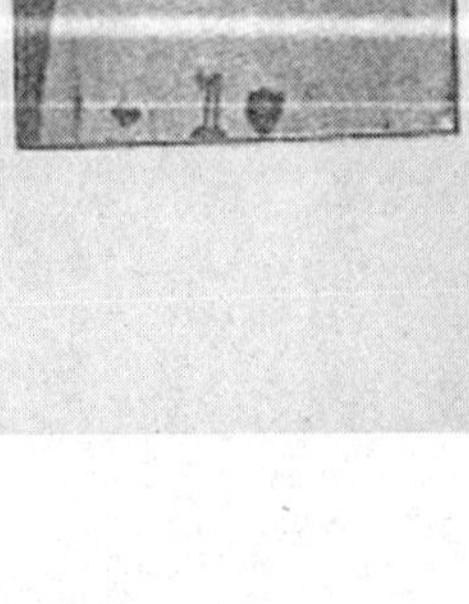

賴渠岱君 劉錫如君 張德興君

# 籌備各部職員

## 招待部

何　驥君　陳梧賓君　馮爾和君

符福臨君　楊存統君

曾以仁君

## 籌備各部職員

### 陳列部

黃有鸞君

楊存統君

林子堅君

王明福君

張駿武君

林簡相君

## 籌備各部職員

### 游藝部

林子堅君

蕭鏗麟君　何　驥君

利華輝君　熊文階君

張德緒君

# 籌備各部職員

## 藝術部幹事部

蔡國良君

葉雲舫君 彭醉六君

柯保華君 黃碧荃君 王明福君

# 籌備各部職員

## 幹事部

黃伯衡君

黃耀基君　馮少文君

顏仙荃君　陳式殷君

李瑞昌君

TELEPHONE: 404
TELEGRAPHIC ADDRESS
"BUANHOASENG"
บริษัท บ้าน ฮั่ว เส็ง จำกัด
CODES USED
BENTLEY'S & PRIVATE
BUAN HOA SENG & Co.
SHIPCHANDLERS, LTD
RICE MILL STORES
METAL & GENERAL HARDWARE MERCHANTS
EAST BANK RIVER MENAM,
萬和成
Bangkok
SIAM
ESTABLISHED 1883
伍錦萬發行
專辦歐西各國火險機器代理德國猪鬃絲米較樹膠電火頭鉄仔杯士超等毛氈舖設運京四丕耶路
(電話)五五〇五號
KIM BANN HUAT
SIPHYA, BANGKOK
Dealers in Rice Mill Store and General Importers
Contractors to H. S. M'S Government
Cable Address: KIMBANNHUAT Bangkok
Code Used BENTLEY'S Telephone 5505
BH
德和隆有限公司
TUK WO LOONG CO., LTD.
本公司開設嵩越路廿餘年專辦環球各國洋雜貨布疋毛巾紗衫氈絡帽絡銅鐵傢私日用等品均極齊備待客以誠批發諸君無任歡迎
本公司啓
OFFICE
Corner of Charon Krung Rd. & Worachak Rd.
DESCOURS & CABAUD
PRODUITS METALLURGIQUES LTD.
TEL.
Number 1579
Iron & Steel Products, Machine-Tools, Machinery, General Hardware Importers
Agents for: CITROEN MOTOR CARS
Telegraphic Address: "DESCOURFER"
Head Office: LYONS (France)
專辦
鉛瓦鐵釘鉛線鐵條鉛釘鐵板以及種種機器用品無不俱備
代理旬中汽車
(電話)一五七九號

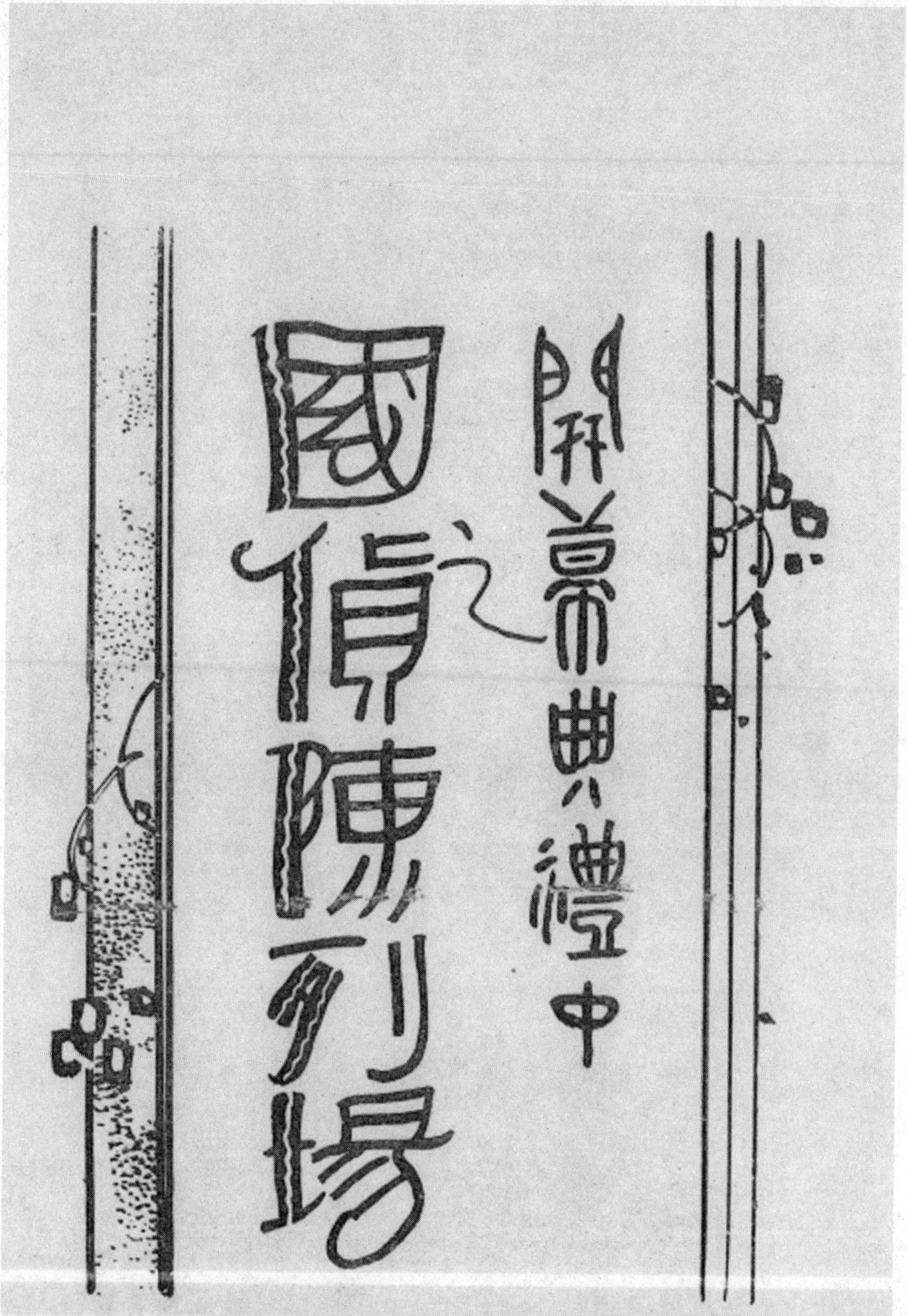
開幕典禮中
之
國貨陳列場

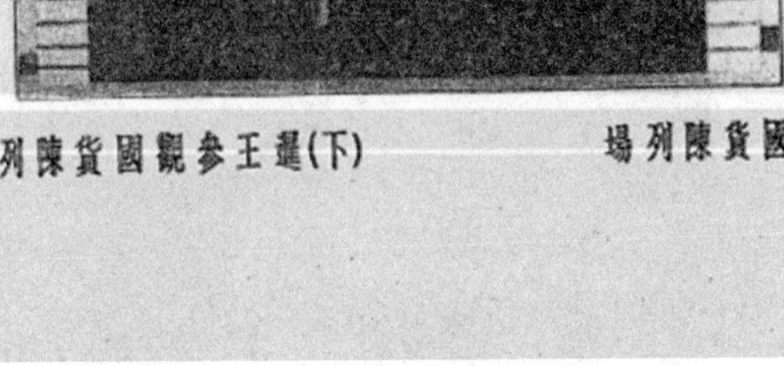

(上)國貨陳列場

(下)暹王參觀國貨陳列場

國貨陳列場

# 開幕典禮中之國貨陳列場

在這缺乏團體性的暹羅華僑。我們感覺着感情無由聯絡。華僑的利益。也無由保障。所以工商業未能發達。甚且還要日就落伍。這種慢性的衰落。很容易被那外人有組織的工商業所淘汰。我們試就那米業——木業——和進出口業。那一種不是受人家操縱。表面上我們有這號稱二百萬的華僑。骨子裏却一盤散沙。在這一盤散沙裏。商界數目也不算少。可惜商界的人們。眼光短小。祇求各個的利益。不求整個的利益。所以這微有些勢力的商界。因爲沒有組織。就失了效用。本來商人的組織。是合法的。是世界各國法律所應許的。我們不願意做落伍者。而願謀我們商人的利益——或許華僑的利益——和商人全體的保障。就應該組織起來。這種組織。必須謀合法的組織。商人合法的組織。就是商會了。

聽說暹羅中華總商會。牠有悠久的歷史。可惜從前組織未能完善。就失了商會的效用。近年來我們有一種普遍的感想。就是商會倘若失了效用。我們商人的利益。就沒有保障。所以從十七年起。便把商會改組。從新建設。首一件就把商會的基礎確立。才有募集十萬元建設新會所之舉。牠的建設經過。已有詳細的報告。我們覺得很滿意。從此我們有了新的團體。劃一的步伐。把整個的商人利益來保障。這番新會所開幕落成。在這開幕典禮中。慶祝了七日。軒宇巍峨。繁燈廣結。笙歌妙舞。鬢影衣香。瞻前顧後。我們抱着十二分的歡娛和希望。輝煌燦爛中。復有國貨陳列場。落成慶典。隆喻提倡國貨的美意。使我們旅居異域的僑胞，得睹祖邦的物華天寶。引起愛家愛國之念。互相規勉。把國貨來提倡。播下一些外國貿易的種子。有這樣大的意義。我雖愚拙。也不能不把牠一記了。

提倡國貨這個名詞。我們喊吶了不知幾多年。可是喊破了喉。總不得人們的注意。打不盡暮鼓晨鐘。人們仍是長夜漫漫。醉生夢死般把金錢換進洋貨。我們又不能執途人而說之。曉以振興國貨的大義。可是這種工作和責任。我們商會却不能放棄和辜負。由此便乘開幕典禮中。搜集國內外廠家出品。陳列出來。使人們知所觀摩取捨。有說陳列不過是一種廣告術。委實說得不錯。然而意義却不是這樣的少。還有一種勸勉提倡。和優劣比較的意思。所以我就根據這點。寫些介紹和貢獻。

這回陳列場的佈置。分為商店陳列場。和公共陳列場。商店陳列場。建築成商店式。茲將那些商號。和所陳列的國貨列表在下。

| 商號 | 陳列種類 |
| --- | --- |
| 伍廣源隆 | 廣生行各種化裝品 |
| 仁和堂 | 膏丹丸散藥酒藥品 |
| 厚德祥 | 絲綢綾羅縐絨嗶嘰布疋紗線襪笠衫 |
| 宏興隆 | 鉛字印機器 鐵器 銅器 座檯吊壁電風扇 |
| 東方煙草公司 | 在暹京中國人自製之太濃紙捲煙 |
| 四皮耶古玩舖 | 著名中國古玩 |
| 鋼咯木器公司 | 精製新式中西傢私器具 |
| 新德隆 | 各種罐頭食品 |
| 南洋兄弟煙草公司 | 金龍 愛國 荷蘭牌 白猴 雙熊 梅蘭芳等嘜香煙 |
| 利民公司 | 雙鶯牌蚊香 神功濟衆水 線衫等 |
| 允源 | 精工製造新式各款銀器金器 |
| 新華書局 | 文房用品 圖書 學校用品 華文打字機 |

| | |
|---|---|
| 同順昌 | 利民工廠出品漂白色染布疋豆油草蔴油 |
| 三民社 | 化裝品 毛巾 ABC內衣 襪 鏡架木 肥皂 |
| 成興兄弟公司 | 中國啤酒 |

我們試就上表所列。許多國貨可以代替洋貨而有餘。而且從比較上觀察。也不能讓洋貨居上。試看那化裝品。如廣生行。三民社代理的無敵牌三星牌等等。都是質料優美。馨香撲鼻。花樣翻新。絲綢方面。當然是中國的好。從前綢廠狃於舊習。現在却能順着潮流改良。像製女性時興的旗袍。中國的綢遠勝印度綢。線衫線襪。却能奪了日本的市場。華機布疋。質雖沒有外貨那般柔軟。可是結實耐用。就國貨好了。關於鉛印機器的。有上海東華機器廠的大小鉛印機。香港藝興機器廠的大小鉛印機。靈巧鉄質機力。也不讓日本的出品。還有那上海華生及中華電器廠的座檯吊壁電風扇。省電耐用不銹熱。價錢却比洋貨便宜。許多。南洋兄弟煙草公司的香煙。品質裝璜。可稱中國香煙的鉅擘。像上煙的有馳名久遠的白金龍。中煙的有荷蘭牌。中下的有愛國白猴雙熊等嘜。可惜國人猶不知香煙漏巵有八千餘萬之鉅。還吸着外煙以爲時髦。最爲可痛。其餘那些罐頭食品藥品。蚊香。文房用品。毛巾等等。都是日常所需。既可代替洋貨有餘。就應該先從國貨購買。表示一點愛國。

除了商店陳列場之外。有一座很大的國貨公共陳列場。場內百貨雜陳。眞是五光十色。最使人注目的。就推上海商印務書館的出品了。因爲他的圖書、紙張、文房用品、機器儀器、標本等。配置自然精美。更有詳細的說明。觀他的印刷精良。彩色別緻。眞不愧爲東亞的著名圖書印刷公司。橡膠方面的出品有馮強公司。廣東兄弟公司。及陳嘉庚公司的各種膠鞋。兒童玩品。和汽車脚踏車的內外輪胎。這種車輪胎。每年的漏巵也不算少。請那些有汽車脚踏車的朋友們。買來嘗試嘗試。以資提倡。電器方面。有柏林、廣東、南針等廠出品的電手燈。這種電手燈現在已風行暹羅。可惜辦者互相卸價將來必至無利可圖。放棄不辦。好容易給外貨「永備」等麥再奪同市場。那時豈不是機會錯過嗎。油漆方面有永固造漆等。及振華造漆公司各麥油漆磁漆。我們也希望建造家盡點力量。把這中國自製油漆來試用。印刷墨油。有上海靈生公司的駱駝標各色墨油。這裏的印刷業日就發達。可惜沒有人將牠提倡改良。不然也可占此一銷路。其餘如同慶公司的雙鶯牌蚊煙香江南紙廠的連史毛邊海月等紙。上海粵興粵昌的照相咭紙。上海華昌的鋼精器皿。香港金興公司的線衫線襪。香港詠鵬的毛巾。上海南陽的肥皂。香港百家利的化裝品。江西景德鎮的各種瓷器。上海競新的手帕。上海許記冠華的草帽。上海馬利工廠的各式水彩油彩顏料等等。都是有相當的價值。可和外貨媲美的。

最後我還要向讀者報告的。就是這回陳列當中。貨數量的方面說的確很少。因爲有許多預約廠家。未能將貨辦寄到。所以規模也縮少。這不能不請閱者見諒的。我們打算以後另開一所地方。陳列國內外中國廠家出品。以便商人研究採辦。總之我們受了經濟侵略的教訓。提倡國貨是急不容緩的。這種責任。我們商人就應該大家肩負了。

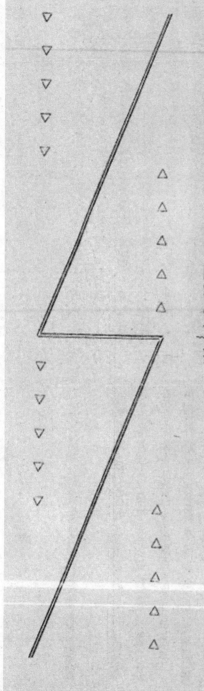

## 國貨陳列概況

本會此次因會所開幕。並同時徵集國貨。寓宣傳於展覽。冀杜漏卮。籌備不過累月。工作人員。寥寥無幾。加以經濟竭蹶。時間匆促。種種關係。故不能不因陋就簡。而滬上之貨樣十餘箱。經月尚未運到。環境若斯。難得美果。此亦可以求諒於社會也。而我旅暹華僑。對於提倡國貨。素具熱忱。故此次參加陳列者。頗爲踴躍。本會除另建一大陳列所外。復於場後一帶。建築甲種九間。乙種十二間。租與各號陳列。茲將各商號之租賃者分敘如下。

＊＊綢咯木器公司與四丕耶古玩鋪。共同陳列。木器公司所造之孩童家具。華美精緻。四丕耶之古玩古雅珍奇。四壁飾中國氈毹。尤爲莊麗。

＊＊東方煙草公司陳列在本埠製造之太濃香煙。煙枝加大。煙味芬芳價格低廉。裝璜新穎。

＊＊成興兄弟公司陳列中國著名之三光啤酒。其味之醇。裝璜之巧。與舶來品相埒。而價格則較便宜。

＊＊宏興隆銅鐵行陳列香港藝興之印刷機。華生之風扇。水壺手電燈等。查此等機物。多製自外國。今吾國亦能自製品質與歐美較。並無遜色。

＊＊厚德祥將美亞正興懋等廠所出之綾羅綢縐陳列。五光十色。富麗矞皇。奇巧鮮豔。美不勝收。門前以絲綢結成一大蝙蝠。尤爲奪目。

＊＊仁和堂陳列自製膏丹丸散藥酒各種藥品。依法配製。揀選精良。功效素著。此次復將六神丹。普宜茶止痛丸。送贈參觀人員。

＊＊伍廣源隆陳列廣生行各種化裝品香味馥郁。如蘭如麝品質優美。不讓舶來。

＊＊南洋兄弟烟草公司陳列金龍。愛國。荷蘭牌。雙熊，白猴。雙文。梅蘭芳各種香烟。裝璜美麗。芬芳馥郁。內設大金龍一條。能以金珠投入龍口者得

獎。新穎有趣。

**利民公司陳列雙鴛牌蚊香。神功濟衆水。線衫。香亞公司化裝品。質料精粹。裝璜優美。切合實用。允源興祥興陳列金銀器皿。鏤製精巧。花樣新異。尤屬難能而可貴也。

**新華書局陳列文房用具圖書樣本。運動用品。雅緻精美。而商務印書館所出之華文打字機。尤爲暹王所注意。同順昌陳列本埠利民工廠所出之豆油布疋。顏色鮮豔。品質堅韌耐久。爲本埠華僑出品最良之布疋也。

**三民社陳列上海各廠之化裝品。芬芳撲鼻。各種領帶。顏色鮮豔。ABC內衣。質良價廉。其他各種品物。均屬裝璜悅目。

**各商號陳列之前。建一大陳列所。專羅列國內外各處貨樣。計有上海商務印書館各式印刷機圖。各式印品。文具書籍。裝置精雅。上海永和實業公司之化裝品。香豔純潔。永茂源之江西瓷器。優良精美。其他如上海兄弟工業社。五洲藥房。先施公司。百家利之化裝品。香港金興織造公司之線衫襪背心。詠鶺公司之毛巾樣。上海靈生墨油公司之墨油。上海華昌印刷製罐廠之罐精食品器皿。上海天廚味精公司之味精醬精。河南省新文工廠道記粉筆石磁粉。詒厥齋藥酒。上海暹羅公司冠生園之罐頭食品。民生公司之競新手帕。鍾靈印字機。許記草帽。風琴。新嘉坡永安堂萬金油。江南製紙公司之紙。上海粵昌公司照相卡紙。上海馬利工廠水彩顏料信夾。廣福公司香烟。美利堅汽水。馬百良膏丹丸散。星洲陳嘉庚膠鞋。餅乾。泰生源之廣東膠鞋。手電燈。上海鋁器。民生火柴廠火柴。綱咯木器公司之廣東咸海衛錫器。李子陞神農米甘茶。進化公司豆精魚露。蔡世荃之爲自由中華民國開國前革命史。新月貿易公司潮州十五音。管裕新皮甲必。余俊園茶葉。美和醬園醬油。華泰公司朱律烟。信豐酒。天利和醬油。香叻汕公所之大鐵鑊。銅器。手電燈。永同利玻璃金魚缸等物。貨純美。製造精良。洵爲國貨之佳品也。

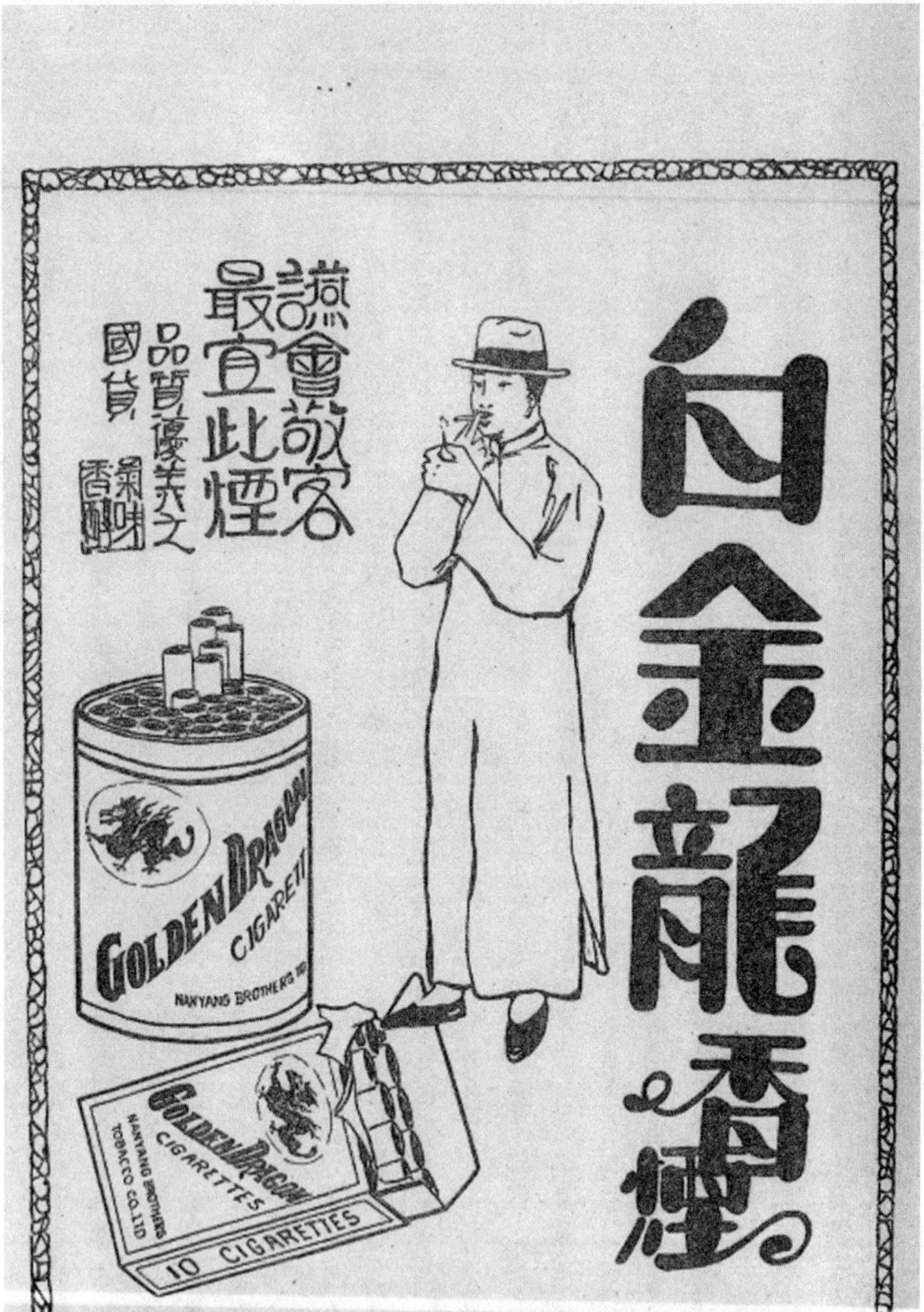
白金龍香煙
讌會敬客
最宜此煙
品質優美之
國貨
氣味香醇
GOLDEN DRAGON
CIGARETTES
NANYANG BROTHERS LTD
GOLDEN DRAGON
CIGARETTES
NANYANG BROTHERS
TOBACCO CO. LTD
10 CIGARETTES
中國南洋兄弟烟草有限公司最新出品

# 開幕典禮中之藝術陳列場

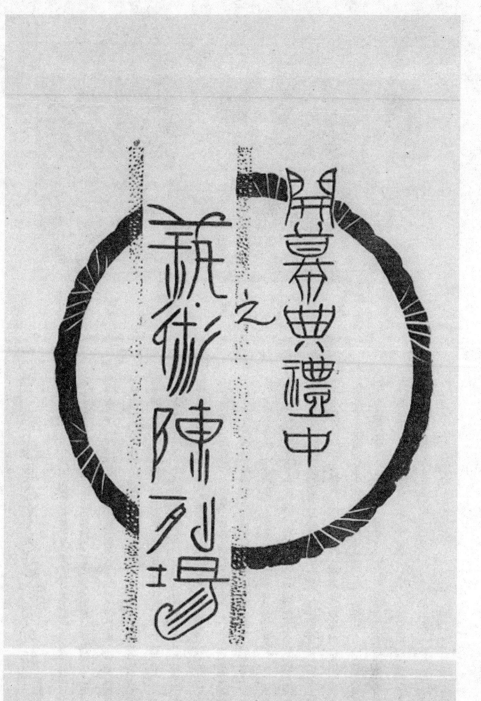

藝術陳列所

## 開幕典禮中之藝術陳列所

近年我國旅暹華僑學校與藝術家。對于藝術。均有研究。故作品極有可觀。故本會於開幙期間。同時徵集藝術品。用以促進審美。藉供觀摩。而徵集時間。不過旬日。而參加者若斯之踴躍。非我華僑對於藝術。素所注重。曷克臻此。主持藝術陳列者。爲彭君辭六。柯君保華。侯君柳生。參加陳列者有培英學校之油畫水彩畫。潮州女校之刺繡。油畫。進德學校油畫。中山女校之刺繡。潔芳女校刺繡。絲織。光華學校之油畫。水彩畫。漫畫。新潮學校之國畫。油畫。水彩畫。育民學校之油畫。水彩畫。塑像。工藝。明德學校之國畫水彩畫油畫。惠德女校之刺繡汕頭坤光女校國畫刺繡。工藝。三哇新民學校之字。晨光美術社之油畫。湄南美術社之國畫。水彩畫。漫畫。超凡美術社之國畫。陳英強君漫畫。彭辭六君油畫。蔡世蓀之羅建青遺作塑像。分部陳列。琳瑯滿目。美不勝收。誠爲藝術界之好現象也。

# 開幕典禮中之華僑聯合游藝大會

## 游藝會情形

本會爲聯絡感情。增加興趣。特開一華僑聯合游藝大會。於會所之右端。設一臨時戲台。台之四周。以三色布圍繞。作暹羅國旗式。復懸掛五色電燈。所前設一音樂亭。邀請音樂家前來奏樂助興。

十四十五晚爲小戛玉俱樂部表演國劇。十四晚劇目。(一)飛虎山。(二)奪小沛。(三)蓮峯庵。(四)拜北斗。十五晚劇目(一)取東川。(二)釋柳精。(三)黑風帕。(四)烏龍院。該部表情唱工。早已膾炙人口。故兩晚觀劇人數。甚爲擠擁。十六晚爲培英學校潮州女校表演。(一)演唱爲『誰和我玩』及『小雞和敵人』。神情逼眞。舉止妙肖。博得觀衆莫大之讚許。(二)培英之滑稽舞。詼諧百出。酷類歐美洛克之舉動。(三)潮州之天鵝。歌聲嘹喨。姿態翩翩。(四)培英之雙簧。笑聲百出。橫趣迭生。(五)爲潮州之三蝴蝶。琴音悠揚。歌聲清晰。(六)爲培英之國技。步伐整齊。十七晚爲育民學校中山女校玫瑰學校表演。(一)爲育民女生之麻雀與小孩。歌聲宛轉。表情逼肖。(二)中山唱賣花詞。珠喉百轉。(三)玫瑰之蝴蝶姑娘。(四)育民之名利網。(五)玫瑰之好朋友來了。天眞爛漫。(六)中山之三蝴蝶歌舞純熟。(七)育民之小小畫家。歌聲悅耳。動作滑稽。(八)中山唱乳娘曲。聲音宛妙。

十八晚爲光華學校潔芳學校表演。(一)爲潔芳之暹劇。神態肖妙。(二)潔芳之桃李爭春。輕歌宛轉。妙舞入神。(三)潔芳之賣花詞。聲音清脆。(四)光華之賣膏藥。表情深刻。(五)可憐的雪梨歌聲清妙。翩翩欲仙。(六)快樂音樂園之滑稽舞。詼諧有趣。(八)潔芳之木蘭詞。歌聲宛轉。(九)潔芳之詩歌。宛妙靡曼。清澈行雲。(十)光華之鳴不平。(十一)潔芳之蝴蝶姑娘。(十二)潔芳之國技。舉動靈敏。(十三)潔芳之自由舞。姿態婆娑。(十六)潔芳之三蝴蝶。舞容迴環。歌聲靡曼。

十九晚爲培華女校進德學校懿德學校表演。首由培華表演堆砌之自由神。撕烟花霧。松楓半嶺。錦屏峯。階級峯。岩石臥雲。東山波皺。石筍峯。舉動純熟。(二)水手舞。舞者以妙齡之少女。扮水

（上右）游藝大會劇場
（上左）潔芳女校表演「三蝴蝶」
（中）潔芳女校表演暹劇「智盜」
（下右）潔芳女校國技一段
（下左）潔芳女校表演「桃李爭春」

手裝。極爲有趣。（三）蝴蝶迎春。（四）却爾斯登舞。舞法嫻熟。（五）唐宮月。（六）春深了。（七）話劇後母毒。語語深刻。表情入微。次爲進德懿德表演。（一）懿德之桃李爭春。扮小妹妹者。天眞爛漫。（二）進德之國技。對技尤爲精彩。（三）懿德之找同伴。（四）進德之小小畫家。三教師神情畢肖。觀衆莫不讚許。（五）懿德之愛神的箭。聲極清越可聽。（六）懿德之國技。首段爲梅花落地。十二人抖擻精神。頗有女丈夫氣概。第二節單人表演。更覺精神奕奕。（七）進德之小小的畫眉鳥。（八）懿德之思

（上右）培華女校交際舞
（上左）培華女校堆砌「錦屏峯」
（中）培華女校堆砌階級峯
（下）培華女校表演潭腿

春仙子。聲仍清越。（九）進德之自鳴鐘的話。表演有趣。音調清脆。（十）懿德之麻雀與小孩。舞態歌聲。絲絲入扣。

二十晚爲過雲儒樂社表演國劇。（一）英雄會。（二）殺四門。（三）錦榮記。（四）華容道。（五）二進宮。技藝甚佳。誠爲後起之秀。

本會所前設一音樂亭。邀

玫瑰學校表演「月明之夜」

玫瑰學校表演「蝴蝶姑娘」

請育民學校音樂隊。遏雲儒樂社奏樂助興。音韻悠揚。令人神往。緩急低昂。洋洋盈耳。故環而聽者人數極衆。

連日各團體各學校表演游藝。於七時許。劇場椅位。幾無虛坐。環劇場而觀者。人數極衆。各種游藝。均能引起觀衆之興趣。誠不可多覯也。＊＊＊＊

廣告

# 廣告目錄

商辦

# 香港廣東銀行有限公司

本銀行法定資本港銀壹仟壹佰萬元收足資本連公積金共玖佰伍拾壹萬伍仟陸佰元 開辦十九年專營銀行一切業務匯兌駁通中外各埠所有附貯按揭格外克己而儲蓄一部尤利便于勞工積蓄 諸君光顧無任歡迎

總行——香港：德輔道六號——分行

廣州：西堤大馬路十號
上海：寧波路八號
漢口：英界湖北街十九號
紐約：活夫街二百號
金山：大埠孟金孖利 五五五號
暹羅：耀華力路一七三號

電話司理室九二六號 營業部二二一二號

▲附貯利率列后▼

一年期 週息五釐 半年期 週息四釐 三個月期 週息三釐
活期 週息二釐 來往存款 週息二釐 零星儲蓄 週息二釐半

儲蓄（十銖起碼 便可儲蓄 另有章程 函索即奉）

商辦 香港廣東銀行暹羅分行 正司理馮文端 副司理李榮燦 仝啓

# 香港上海匯豐銀行

# Hongkong and Shanghai Banking Corporation

## Head Office—HONGKONG

| | |
|---|---|
| Authorised Capital | $50,000,000 |
| Issued & Fully Paid up | $20,000,000 |
| Reserve Funds:— | |
| Sterling | £ 6,000,000 |
| Silver | $14,000,000 |
| Reserve Liability of Proprietors | $20,000,000 |

CHIEF MANAGER
HONGKONG—HON. MR. A. C. HYNES

BRANCHES AND AGENCIES:—in the principal cities of the world.
LONDON OFFICE:—9 Gracechurch Street, E.C.
LONDON BANKERS:—**The Westminster Bank, Limited.**

BANGKOK:—Interest allowed on current accounts at the rate of 1 per cent. per annum on the Daily Balances.

FIXED DEPOSIT:—The rates of interest allowed on Fixed Deposit can be ascertained on application.

Letters of Credit issued available in the principal cities of the world.

Drafts granted, Bills negotiated or sent for collection, and every description of Banking and Exchange business transacted.

H. C. ASPINALL,
*Agent, Bangkok.*

Office of the Corporation at the mouth of the Klong-Kut-Mai Canal.
Office hours ....................9 a.m. to 3 p.m.
Saturday ....................9 a.m. to 12 noon.

# 渣打銀行

# CHARTERED BANK OF INDIA, AUSTRALIA AND CHINA.

HEAD OFFICE:—38, BISHOPSGATE, LONDON.

## INCORPORATED BY ROYAL CHARTER

| | |
|---|---|
| CAPITAL IN 600,000 SHARES OF £5 EACH | £3,000,000 |
| RESERVE FUND | £4,000,000 |

### AGENCIES AND BRANCHES

| | | | |
|---|---|---|---|
| ALOR STAR | HAIPHONG | KUCHING | SHANGHAI |
| AMRITSAR | HAMBURG | MADRAS | SINGAPORE |
| BANGKOK | HANKOW | MANILA | SOURABAYA |
| BATAVIA | HARBIN | MEDAN | TAIPING |
| BOMBAY | HONGKONG | NEW YORK | TAVOY |
| CALCUTTA | ILOILO | PEKING | TIENTSIN |
| CANTON | IPOH | PENANG | TOKYO |
| CAWNPORE | KARACHI | PESHAWAR | TONGKAH (Bhuket) |
| CEBU | KLANG | RANGOON | TRINGTAO |
| COLOMBO | KOBE | SAIGON | YOKOHAMA |
| DAIREN | KUALA KANGSAR | SEMARANG | ZAMBOANGA |
| DELHI | KUALA LUMPUR | SEREMBAN | |

### BANGKOK AGENCY

Current Accounts are opened and interest allowed at 1 per cent per annum on daily balances.
Deposits are received for fixed periods at rates which can be ascertained on application.

OFFICE HOURS . . . 9 a.m. to 3 p.m. | SATURDAYS . . . 9 a.m. to 12 noon.

J. CAIRNCROSS,
*Acting Agent*

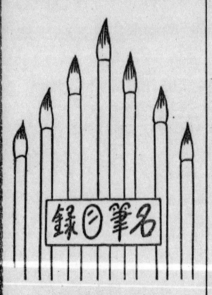

# 梁福和利火礱

啓者、本礱開設在暹京㗝叻海傍、已廿有餘年、專選各港優上暹粟、磨出之大米、米碌、米碎、白糠、料糠等等、無不光豔奪目、其中如商標註册之紅目鏡大米、烏目鏡大米、更蒙各埠士商所同贊許、每期之米到埠、無不爭相採辦、間且有米未到埠、而預定購者、每年交易以數百萬計、專運往香港星洲各埠寄售、如蒙 惠顧、請向香港南北行廣美成、永樂街琴豐行、星洲十八溪墘祺和行等寄售處接洽、是所厚望焉、

本礱電話㗝叻五二八一號

分號 梁福利在暹京三利港口

電話㗝叻五一五一號

東家 梁愛仂

司理 梁基鵬

---

長成豐火礱（地址）暹京色他泥嫁欖車頭（電話）九九四號

長成發火礱（地址）暹京孔堤港嘴

長成興火礱（地址）北欖坡

長成隆火礱（地址）廊西嗙

長發棧 經營米粟什貨（地址）北欖坡

長成利火礱（地址）春盛埠

總辦事處

# 許老長發主人許仲宜

暹京新柳港門牌四四九八號

（電話）九六八號又二千一百一十一號

許仲宜主人肖像

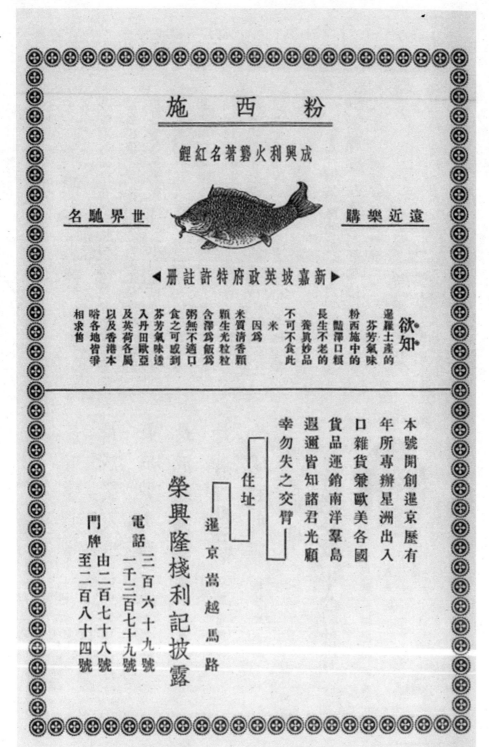

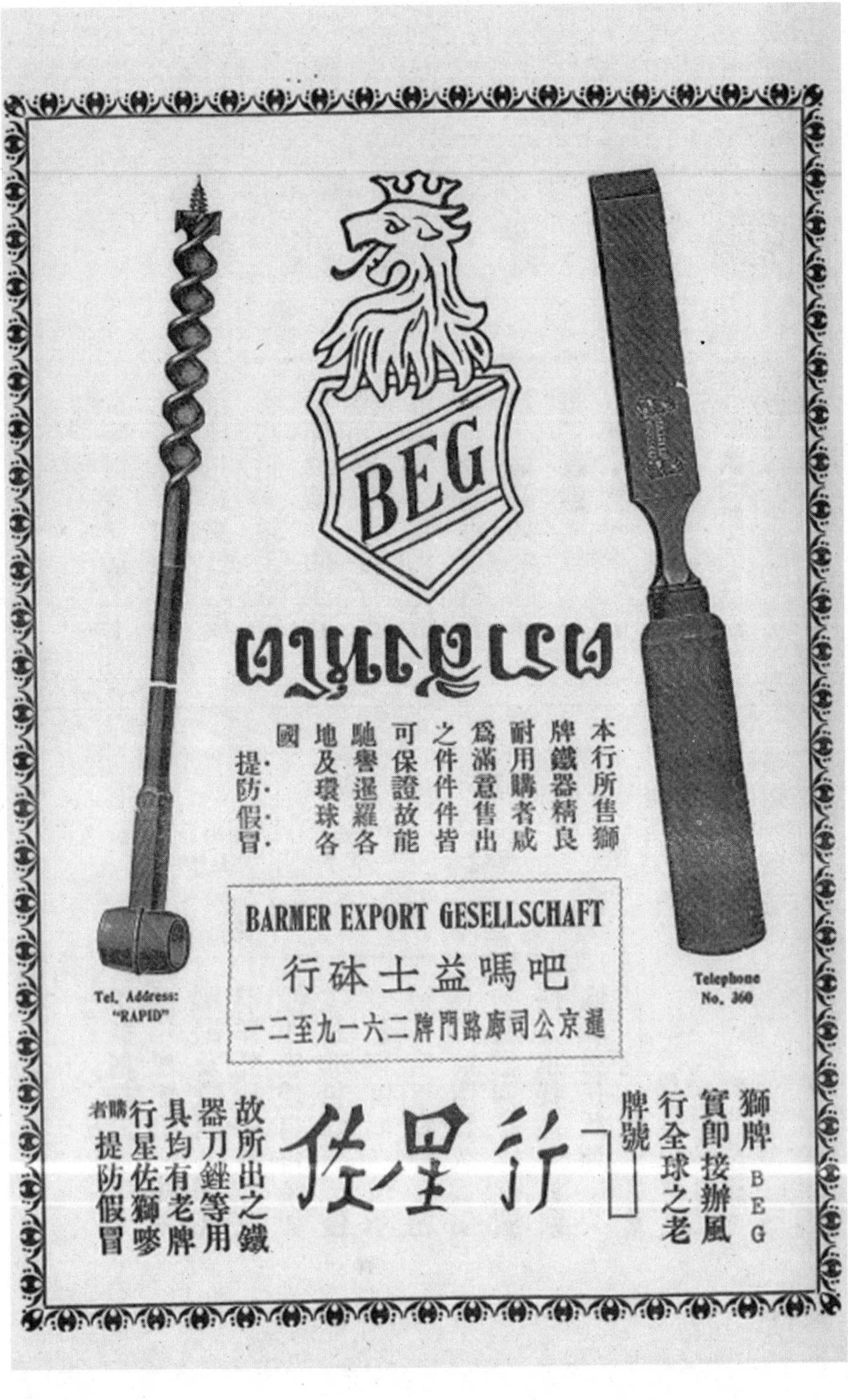
BEG
本行所售獅牌鐵器精良耐用購者咸爲滿意售出之件件件皆可保證故能馳譽暹羅各地及環球各國
提防假冒
BARMER EXPORT GESELLSCHAFT
吧嗎益士砵行
暹京公司廊路門牌二六一九至二一
Tel. Address: "RAPID"
Telephone No. 360
獅牌BEG實即接辦風行全球之老牌號
行星佐
故所出之鐵器刀鑿等用具均有老牌行星佐獅嘜
購者提防假冒

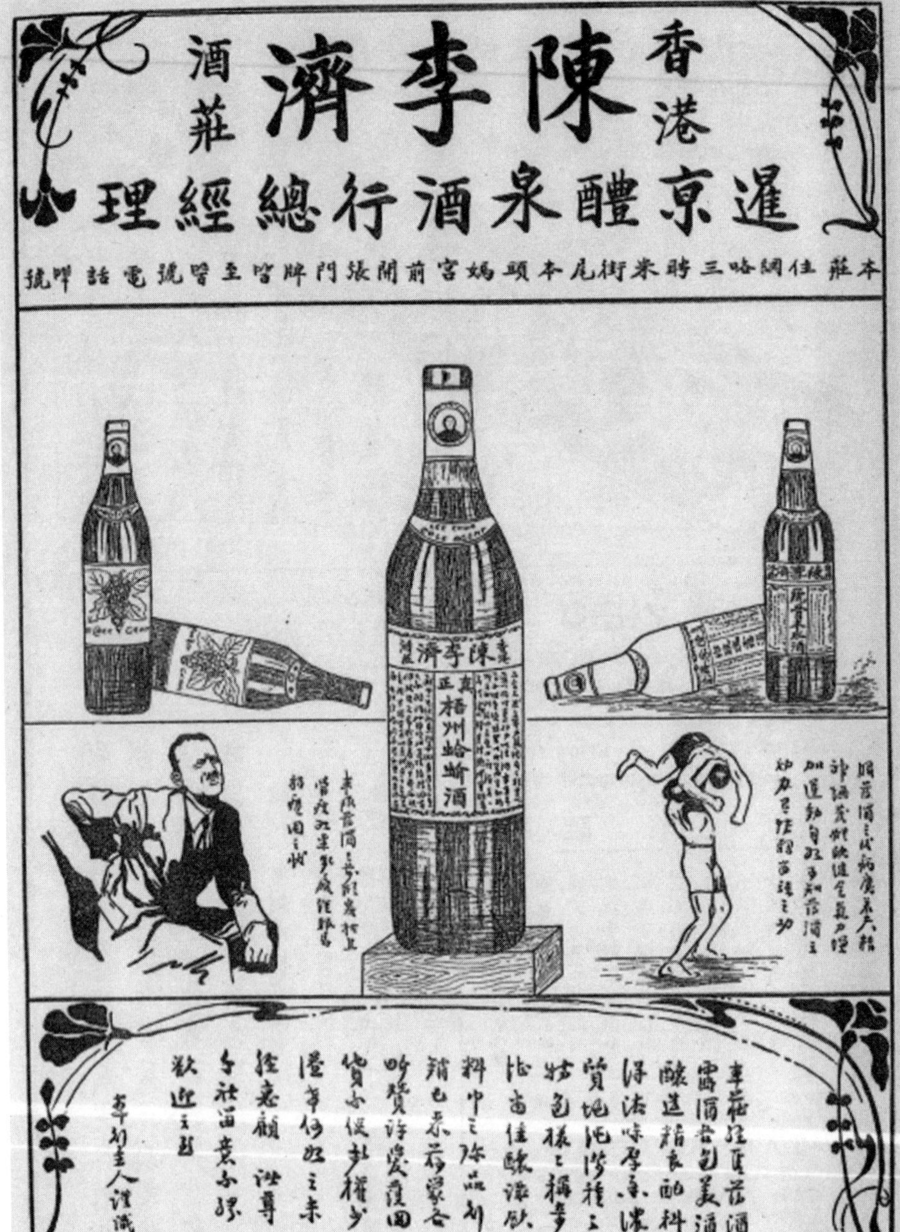
香港
陳李濟
酒莊
暹京醴泉酒行總經理
本莊住網咯三聘米街尾本頭媽宮前開張門牌嗒至喒號電話嗶號
香港陳李濟
正
梧州蛤蚧酒

# SHELL

## OIL - - - BENZINE

KNOWN THROUGHOUT THE WORLD
AS
**THE PERFECT POWER PAIR**
AS SUPPLIED BY
THE ASIATIC PETROLEUM CO., (SIAM) LTD., BANGKOK.

蛤標

電油　滑機油

全球中承認為
最確正之有力量對
總批處
暹羅亞細亞火水油有限公司

# SUPHAN PHANICH CO., LTD.

CHAREON KRUNG ROAD
P. O. BOX 52——————BANGKOK, SIAM
CABLE ADDRESS "SUPHAN, BANGKOK"

BANKERS:—SIAM COMMERCIAL BANK, LTD., BANGKOK

MECHANICAL AND MOTOR ENGINEERS, BOAT-BUILDERS, IMPORTERS, MOTOR GARAGE AND MACHINE SHOPS, ROYAL INLAND MAIL SERVICE INLAND FREIGHTS AND PASSENGERS, STEAM LAUNCH AND MOTOR LAUNCH LINES.

AGENCIES

CHRYSLER EXPORT CORPORATION, DETROIT, MICH., U.S.A.—Motorcars & Trucks.
JOHNSON MOTOR COMPANY, WAUKEGAN, ILL., U.S.A.—Outboard Motors.
J. I. CASE COMPANY, RACINE, WIS., U.S.A.—Tractors & Farming Implements.
HILL DIESEL ENGINE, CO., LANSING, MICH., U.S.A.—Stationary & Marine Engines.
ATLANTIC ENGINE LIMITED, WISHAW, SCOTLAND.—Stationary & Marine Engines.
FRANK MILLER COMPANY, CAMDEN, N.J., U.S.A.—Polishes.
FIRESTONE TIRE & RUBBER COMPANY, AKRON, O.,—Tires.
STEWART WARNER SPEEDOMETER CORP., CHICAGO, ILL., U.S.A.—Automobile Accessories.
VAN DORN ELECTRIC TOOL COMPANY, CLEVELAND, O., U.S.A.—Electric Tools.
WESTINGHOUSE ELECTRIC INTERNATIONAL COMPANY, NEW YORK, U.S.A.—Batteries.
WESTINGHOUSE UNION BATTERY COMPANY, NEW YORK, U.S.A.—Electric Lamps.
H. PINGEOT, CLERMONT-FERRAND, FRANCE.—Mechanical Tire Pumps.
ACME WHITE LEAD & COLOR WORKS, NEWARK, N.J., U.S.A.—Paints & Varnishes.
BERRY BROTHERS, DETROIT, MICH., U.S.A.—Paints & Varnishes.
BRUNNER MFG. CO., UTICA, N.Y., U.S.A.—Air Compressor & Spraying equipments.

SOLE DISTRIBUTORS FOR SIAM

FAIRBANK MORSE & CO., CHICAGO, U.S.A.—Stationary & Marine Engines.

# 素攀帕尼有限公司

暹京石龍軍路

本公司承造及修理各項機械摩托。接造船隻。辦運各項摩托用品。承理政府內地鐵路工務。發售汽船摩托船。代理歐洲各名廠出品。倘蒙賜顧。格外歡迎。

總代理

美國非賓摩士公司之文房用具及航海機器

海-陸-空
SO
NY
SOCONY
GASOLINE
踈哥哖
電油
車油
三達美孚火油公司

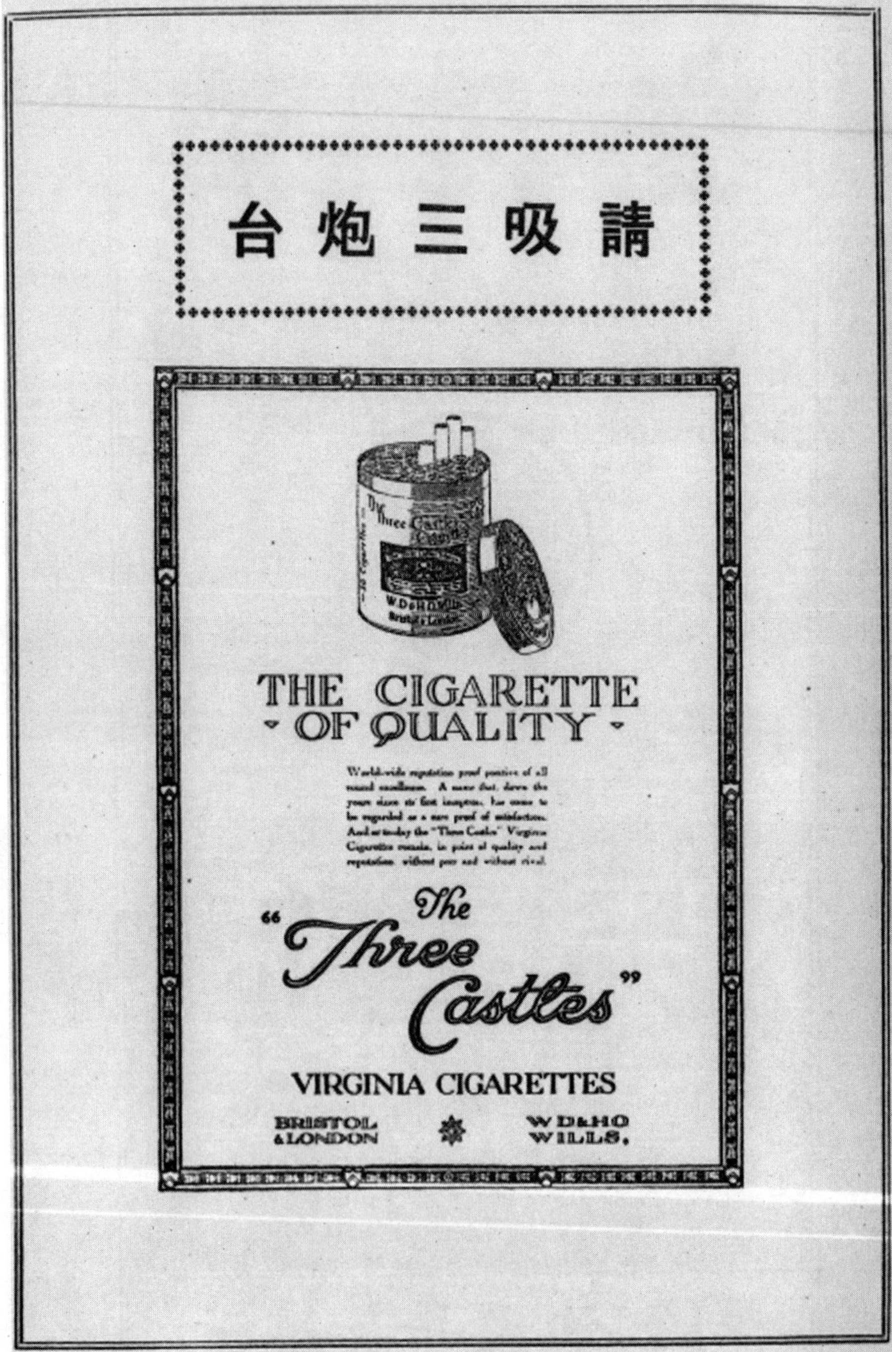
請吸三炮台
THE CIGARETTE
OF QUALITY
"The Three Castles"
VIRGINIA CIGARETTES
BRISTOL & LONDON
W.D.&H.O. WILLS.

# ELLERMAN'S ARRACAN RICE & TRADING Co., Ltd.

BANGKOK

Telegraphic Address: "ARRACAN"

Rice Merchants

Buyers & Exporters of Siam Rice.

*Agents for:*

BEST ALL WAYS
ARISTO
MOTOR OIL
UNION OIL COMPANY

**Messrs. Union Oil Company of California, Producers, Refiners and Marketers of Crude Oils, Road Oil and Asphalt, Union Gasoline, Kerosene and Distillate. "RED LINE" Lubricating Oil and Greases.**

# 鄭成順利金行

電話一千二百四十七號

註冊 商標

กรรมสิทธิ์ตามพระราชบัญญัติ

## ห้างแต้เซ่งซุ่นหลี

จำหน่ายทองคำใบใหญ่และ
หยดอย่างดีแท้ รับทำทองเป
พรรณและเครื่องนากทุกชนิด
ทำโดยฝีมือช่างอย่างยอดเยี่ยม
ทั้งราคาทองและค่าจ้างก็ย่อมเยาว์
กว่าที่อื่น เมื่อท่านซื้อ หรือจ้าง
ทำที่ห้างนี้จะได้ทองที่ดีบริสุทธิ์
เมื่อท่านใช้แล้วไม่ชอบใจ บุบสลาย
จะแลกเปลี่ยนหรือคืนได้ทุกเมื่อ
ห้างยินดีรับคืน ตามราคาทองขึ้น
ลงในเวลานั้น

ห้างใหญ่ตั้งอยู่ณตำบลเทิกซ่องถนนสำเพ็ง
เลขที่ ๒๐ โทรศัพท์ ๑๒๔๗
สาขาอยู่ที่ ปากตรอกฮีเต็กหลั่ย ถนนเยาวราช

本行專辦足赤金葉聘請名工特製最時髦首飾以應　客顧凡發出貨品一經鐫刻本行字號與商標永遠依照時價收回　諸君欲得美麗與真品者盍歸乎來

總行住三聘蚊帳街三角
分行耀華力路海天巷口　成順利金行啓

# STEPHENS, PAUL & Co., (SIAM) Ltd.

## BANGKOK.

### GENERAL IMPORT & EXPORT MERCHANTS.

Telegraphic Address "DAVID," P. O. Box No. 17, Tel. No. 273.

### AGENTS:

Stephens, Paul & Co., Singapore, London.
Michael Stephens & Co., Ltd., Macassar, Menado.
Mackertich & Malcolm, Manchester.

### INSURANCE AGENCIES.

The South British Insurance Co., Ltd.
British General Insurance Co., Ltd.
Samarang Sea & Fire Insurance Co., Ltd.
Royal Exchange Assurance Corporation.

### FLOUR.

W. S. Kimpton & Sons, Melbourne.
H. C. Matthews & Co., Sydney.

### LEATHER.

Farleigh Nettheim & Co., Sydney.

### CIGARETTES.

Carreras, Ltd., London.
R. & J. Hill, Ltd., London.

# 沙蜜神農大藥房

住暹京四角越迪門牌八十四八十五 電話一零五一

（分　　　行）

## 英　金蛇嘜大藥房

住暹京四皮耶香港上海銀行巷口

專辦歐美各種藥品及

香水香油時款眼鏡發沽

來往銀項數目滙打銀行

## THE SMIT PHARMACY

636-638, Yawaraj St., Bangkok, Siam.

**CHEMISTS & DRUGGISTS**

**GOVERNMENT CONTRACTORS**

BRANCH:

**THE BRITISH DISPENSARY**

New Road, Bangkok,

Bankers:

The Chartered Bank of India, Australia & China.

Telegrams: "SMIT, BANGKOK"
Codes: A.B.C. 5th Ed. & Bentley's.

馮爾和行

馮爾和行

## B. L. Hua & Co.

No. 45-46, Corner Seeyak, Wat Tuk

## BANGKOK

GENERAL IMPORTERS AND EXPORTERS.

CHEMICALS & DRUGS, ESSENCES,
OILS & PERFUMERY, OPTICAL GOODS AND SUNDRIES

TELEPHONE No. 335
Telegraphic Address—"BANGLOOHUA, BANGKOK"
Codes—A.B.C. 5th EDITION BENTLEY'S.

## MOONA THAMBI SAIBOO MARICAN

(M. T. S. Marican)

**Cloth and Diamond Merchant and General Commission Agent.**

No. 2615-2617 Rachawongse Road

Telegraphic Address: "THAMBISA"　Telephone No. 564

Head Office: KARIKAL (French India).

Branch: MADRAS

Partners: Moona Kader Mohiadeen Sahib Maricar (absent)
S. Kader Mohiadeen Sahib Maricar (absent)

Manager: S. M. M. M. SAHIBOO.

中國多寶公司

### 蝙蝠嘜治蚊香塔

孫大總理遺訓

TRADE-MARK

# CARL SCHLIEPER
# REMSCHEID-SOLINGEN
# GERMANY

MANUFACTURERS OF THE WORLD-KNOWN
"EYEBRAND"

## HARDWARE AND CUTLERY

*Branches and Agencies:*

| Sumatra | Java | Celebes | British India | Siam | Straits |
|---|---|---|---|---|---|
| Medan | Batavia | Makassar | Bombay | | |
| Padang | Semarang | Menado | Colombo | Bangkok | Penang |
| Palembang | Soerabaia | *BORNEO* | Calcutta | | |
| Sibolga | Bandoeng | Pontianak | Madras | *CHINA* | Singapore |
| Koeta Radja | Tegal | Bandjarmasin | Rangoon | Shanghai | |

*Address Bangkok Branch:*

**CARL SCHLIEPER, EYEBRAND**
**TRADING COMPANY**

SONG WAD ROAD, NO. 1392 TEL. NO. 2084

周錦合承接建造

# C. KIM HAH

**Importer and General Commission Agent**

**CONTRACTOR**

**TO**

**H. S. M's Government**

Cable Address: KIMHAH　　Postal Address: Bamrung Muang Road

**BANGKOK (SIAM)**

---

溫砂洋行(新火礱公司)

# WINDSOR & Co.

專造出入口貨生意

代理船務保險事業

**BANGKOK - HAMBURG**

Telegraphic Address: SITA - Bangkok

**IMPORTERS - EXPORTERS**

**SHIPPING & INSURANCE AGENTS**

# 振華興

本行專辦歐美銅鐵火礱火鋸機器廠用品油色紅毛灰鉛瓦等等俱備如蒙賜顧定必格外歡迎

地址 暹京三角路門牌五十九號

電話 一八一六 二三零

**CHIN HUA HENG**

SAMYEK, BANGKOK

TEL. No. 1816

DEALERS IN RICE MILL STORES, BRASS-WARE, CEMENT, GALVANIZED CORRUGATED SHEETS, PAINTS, OILS, AND GENERAL COMMISSION AGENTS

CABLE ADDRESS: CHINHUAHENG

CODE USED: BENTLEY'S

# 暹羅華商保險公會

本會各公司均已繳足保證金於暹政府准許照常營業

會址(三聘路四六八號)　電話(五八七七號)

聯泰保險公司　耀華力路門牌一七三號 電話七六八號 司理林豐相

先施保險公司　嗚叻仔路門牌二〇一號 電話七八七號 司理蕭賓毅 陸樹琴

香安保險公司　四角皮耶史街門牌「四八」「五十」號 電話八三九號 司理鄭寶璧

永安保險公司　石龍軍路公司案角頭門牌二三〇號 電話八五四號 司理劉謙芬

上海保險公司　耀華力路門牌一七三號 電話一二五六號 司理李植會

華安保險公司　耀華力路門牌一七七號 電話三三八號 司理劉士卿

長安保險公司　公司案樟頭尾門牌二六八一號 電話一三二九號 司理黃毅如

潮安保險公司　老嘜叻媽宮廟街門牌第一一五號 電話三九九號 司理曾卿梅

亞洲保險公司　三角路門牌「二〇四」「二〇六」號 電話一四〇〇號 司理黃聲荃

聯合保險公司　三聘路門牌「七八一」「七八三」號 電話五八五號 司理丘剛峯

榮安保險公司　榮安街門牌四六〇二號 電話一四〇七號 司理劉士泰

振商保險公司　公司案新打路門牌二九九六至二九九八 電話一八一九號 司理賴曼儒

振盛保險公司　石龍軍路門牌三四九號三五一號 電話四四三號 總理馬立軍 司理元錦伯

成昌利保險公司　石龍軍路義福巷口 電話二〇五六號 司理馬錦鎬

# THE ANGLO-SIAM CORPORATION, LIMITED

**TIMBER AND GENERAL MERCHANTS**

**AGENTS IN SIAM FOR**

### RICE

Anglo-Burma Rice Co., Ltd.

### SHIPPING

Ellerman & Bucknall Steamship Co.
American and Manchurian Line.
American and Oriental Line.
Oriental African Line.
Bank Line, Ltd.
Indian-African Line.
Canadian Pacific Steamships, Ltd.
Oost-Borneo Mij. (Sourabaya)
Osaka Shosen Kaisha.
Indo-China Steam Navigation Co., Ltd.
Bibby Line (Passenger Agency)
Dollar Steamship Line.
Austral-East Indies Line.
Oceanic & Oriental Navigation Co., Ltd.
State Steamship Co.
Tacoma Oriental Steamship Co.
Panama Mail S.S. Co.
Isthmian S.S. Line.

### INSURANCE

Andrew Weir & Co., Ltd. (Insurance)
Commercial Union Assurance Co., Ltd. (Fire, Marine, Motor-Car and Accident)
Phoenix Assurance Co., Ltd. (Fire)
Union Assurance Society, Ltd. (Fire)
Law Union and Rock Insurance Co., Ltd. (Fire)
Scottish Union and National Insurance Co., Ltd. (Fire)
Manufacturers' Life Insurance Co., Ltd.
Canton Insurance Office, Ltd.
Maritime Insurance Co., Ltd. (Marine)
Wesmans Havan Bureau, Norway.
Sjoassuran Dorunes, Central Forening Norway.
United States Salvage Association, New York.

### GENERAL

Allsops—Allsops Pilsener Beer.
Boots Pure Drug Co., Ltd.—Drugs and Toilet Preparations.
F. W. Berk & Co., Ltd.—B.A.A. Sulphuric Acid.
John Bell and Croyden, Ltd.—Surgical Instruments.
J. Beardshaw & Sons, Ltd.—Circular Saws, etc.
Lewis Berger & Sons, Ltd.—Paints, Enamels and Varnishes.
California Card Manufacturing Co., Photograph Mountings.
Carr & Co., Ltd.—Biscuits.
Central Agency, Ltd.—Cotton Thread.
Chubb & Sons Lock & Safe Co., Safes Locks, etc.
Edward Curran & Co., Ltd.—Enamelled and Tin Hollow Ware.
Elkington & Co., Ltd.—Elkington Plate and sterling silverware.
E. Griffiths Hughes, Ltd.—Kruschen Salt.
Guest Keen & Nettlefolds Ltd.—Bolts and Nuts and Rivets, telegraph Ironwork.
Godfrey Phillips, Ltd.—"Army Club" Cigarettes.
Goldsmith and Silversmiths Co., Jewelry.
Hepburn & Ross.—"Red Hackle" Whisky.
Howards & Sons, Ltd.—Quinine.
Imperial Typewriter Co., "Imperial" Typewriters.
International Chemical Co., Ltd.—Bisurated Magnesia Powder. (Bismag)
Iver Johnson's Arms & Cycleworks—Firearms.
W. & R. Leggott, Ltd.—Lock, Door and Panic Fittings.
Lyons (India) Ltd.—Tea
J. Lyons & Co., Ltd.—Chocolates, Toffees and Confectionery.
John Lethem & Sons, Ltd.—Hams.
Nippon Beer Kosen Co.—Japanese Beer.
Henry Milward & Sons Ltd.-Fish Hooks.
Joseph Nathan & Co., Ltd.—Glaxo Glaxovo, Ostelin.
North British Rubber Co., Ltd.—"Clincher" Tyres.
Nicholson File Co., Ltd.—Files.
Nobel Industries, Ltd.—Sporting Cartridges.
"Eley" "Bonax" "Primax"
L. C. Smith & Corona Typewriters.
Corona Portable Typewriters.
T. J. Smith & Nephew.—Bandages and Cotton Wool.
Frederick Stearns & Co., Medicines.
Taikoo Sugar Refining Co., Sugar.
United Exporters, Ltd.

*Comprising:-*

W. Woodwards, Gripe Water.
T. Wall & Sons, Sausages.
Lever Bros., Ltd.
Blondeau & Cie.
Vinolia Co., Ltd.
Hodgson & Simpson, Ltd.
R. S. Hudson, Ltd.
Sanitas Co., Ltd.

Usines de l'Allondon S.A.—Essential Oils.
Ynchausti & Co.—Rope.

### ENGINEERING

| | |
|---|---|
| Acton & Borman Ltd., Emery | |
| Arendal Smelteverk, Carborundum. | |
| Sir William Arrol & Co., Ltd. | Steel Structural work, Bridgework. Hydraulic Pumping Engines, etc. |
| Crofts (Engineers), Ltd. / Cravens Railway Carriage & Wagon Co., Ltd. | Railway Material, Rice Mill Machinery. |
| Frigidaire Corporation. | "Frigidaire" Refrigerators for all purposes. |
| Hick Hargraves & Co., Ltd. | Steam Turbines, etc. |
| Hoffman Manufacturing Co., Ltd. | "Hoffman" Bearings. |
| Eternit Pietra Artificial—London, Ltd. | "Italit" Asbestos Cement, Roofing Material. |
| Kailan Mining Administration. | "Calco" Fire Bricks and Fireclay. |
| Thomas Locker & Co., Ltd. | Steel Wire Cloth. |
| Mater & Platt, Ltd. | "Grinnell" Automatic Sprinkler. |
| Marshall Sons & Co., Ltd. | Steam Rollers, Machinery of all kinds. |
| Nasmyth Wilson & Co., Ltd. | Locomotives. |
| National Gas Engine Co., Ltd. | Gas, Oil and Petrol Engines. |
| Ransomes & Hapier, Ltd. | Concrete Mixers, Sluice Gates Excavators, Cranes, etc., etc. |
| Relay Automatic Telephone Co. | Automatic Telephones. |
| F. Reddaway & Co., Ltd. | "Camel" Belting, Fire Hose, etc., etc. |
| Saxby & Farmer (India), Ltd. | Railway Signalling Apparatus. |
| Silvertown Lubricants, Ltd. | Oil of all descriptions. |
| Vibro Lock Nut Sales Co. | "Vibro" Lock Nuts. |
| Westinghouse Brake and Saxby Signal Co., Ltd. | Railway Signalling Apparatus. |

HEAD OFFICE—5 & 7 St. Helen's Palace, London, E.C. 3
BRANCHES—Bangkok, Singapore, Ipoh, Penang, Bombay and Karachi.

Telegraphic Addresses:—ANGLOSIAM, BANGKOK
ANGLOSIAM, LONDON

## 嘉達顏料公司

總代理美國南星廠顏料精錠

兼辦出入口紗布什貨

暹京耀華力馬路門牌一八九至一九三號

電話一千三百八十三號

**GATAT & CO.**

(General Importers & Exporters)

SOLE AGENTS:–

National Anilline & Chemical Co. Inc., New York

Telephone No. 1383

Nos.189-193, Jawarad Road

Cable Address "GATAT"

BANGKOK, SIAM

## 廣利豐

電話壹千三百零六號

門牌壹百六十九號

本號住址暹京耀華力馬路廣東銀行同坐耑辦歐美鞋料汽車用品油漆帆布什貨各款發客

諸商惠顧請臨 敝店無任歡迎

## 來暹同胞「請到安安旅店」

▲暹京最完備之旅館 就是『安安』

本旅店爲四層洋樓。位於暹京耀華力街三角路。交通便利。地方雅潔。房間舒適。傢私美備。招待週到。客入口手續。擔保妥當。客商初到。盡負指導。誠來往客商最佳之駐足館也。

電報掛號 "ONON BANGKOK"

本店 電話 九三八號 門牌 六三〇號

安安大旅店謹啓

廣州市槳欄街
雷昌濟
仁和堂
暹京分局
暹局 耀華力路
暹分局 石龍軍路
暹分局 嗌叻馬路
地道藥材
參茸玉桂
丸散膏丹
藥酒色酒
萬應普宣茶 此茶功用 四時感冒 老濕除積 感暑傷風 消暑清熱 乍寒乍熱 止渴生津
萬應止痛丹 此丹專治 心痛氣痛肚痛 一服即止 見效甚速
萬應六神丹 此丹專治 霍亂嘔吐 飲食不化 水瀉腹痛 風寒咳嗽 抽筋絞腸 服之立愈
參茸衛生丸 此丸治男婦老少血氣虛弱等症服之有身體強健保養元神延年益壽之功
參茸寧神丸 此丸有安心養血寧神定志之功凡男婦老少心思過度記憶力弱服之大效
烏雞白鳳丸 婦人氣血虛弱久不受孕月經不調服之滋陰補血調經種子誠婦科之聖藥
萬應婦科丸 此丸調氣補血補虛勞老少婦女血氣虛弱諸虛百損均能治之洵婦科之聖藥
海狗鞭健腎丸 此丸壯陽補腎固精種子凡陰虧陽痿血少腎枯服之大有轉弱為強之功效
龍虎鳳活體酒 滋陰養血 補氣益精
禾雀熊掌酒 補氣血 壯筋骨
虎骨木瓜酒 去風濕 壯筋骨
全鹿蛤蚧酒 煖腎滋陰 固精活血
祛風三蛇酒 祛風除濕 舒筋活絡 是去風濕唯一之良飲
婦科毛雞酒 婦人產後肚痛風寒血塊血精等症飲之立效
參茸衛生酒 補氣補血 強健身體
參茸三鞭酒 煖腎滋陰 壯陽種子
斑豹烏腳酒 滋補陰陽 去寒除瘧
濃香三蒸酒
醇舊雙蒸酒
原庄黑糯米酒
原庄白糯米酒
清涼茅根酒
香甜雪梨酒

# 暹羅士敏土廠

Telegraphic Address: "SIAMENT, BANGKOK"

# THE SIAM CEMENT CO., LTD.

Codes: BENTLEY'S
A.B.C. 5th Ed.

Bangsue Office: Telephone No. 640.
Bangkok Office: Telephone No. 339.

WORKS AT BANGSUE

บริษัทปูนซิเมนต์ไทยจำกัด

ELEPHANT BRAND

THE SIAM CEMENT Co. LTD.

愛國僑胞請用著名國貨
利民織造廠
樂利民生
孔祥熙題
粵港
利工民
織造廠
鹿嘜
蟬嘜
線衫
精緻襪
一切絲毛線時髦織品
本暹三聘街
電話二〇〇
廣泰代理
耀華力路
厚德祥
廣源
永源豐
永吉安
均有經理
本廠總行在廣州市同興路
分行在香港德輔道
製作場在廣州市紙行街
中華全國國貨展覽會西湖博覽會廣州市
歷次國貨展覽會最優獎勵 前廣東實業
廳特給褒狀 朝野名流題辭嘉許介紹
利工民織造廠美術部

# COM PANY, LIMITED,

## BANG KOK.

NT

## SHIPPING

Peninsular & Oriental S. N. Co.,
China Navigation Co., Ltd.
(Butterfield & Swire)
Blue Funnel Line.
Straits Steamship Co., Ltd.
Nippon Yusen Kaisha.
Lloyd Triestino.
Ben Line.
Glen & Shire Lines.
Australian Oriental Line.
Austral-China Navigation Co., Ltd.

---

## EXPORT DEPARTMENT

Teak
Rice
Pepper
Sticklac
Fancy Skins

✣ ✣ ✣

## ◎國貨運動

誰都知道我們的中國，是個經濟落後的國家，有心世道的人們，無不亟亟想起挽救的方法，以維持國計民生。

輓近中央宣傳部，對於國貨運動，製定宣傳要點有四：

一、國貨運動是扶危救亡的唯一途徑。

二、國貨運動是打倒經濟侵略的最大武力。

三、國貨運動可以促進經濟建設確立生產基礎。

四、國貨運動是救濟金融漲落的唯一政策。所以我們僑胞亟應提精會神，自強不息地起來遵從

國府命令！努力國貨運動，以挽救此危亡險惡的局勢，從積極的推進國貨運動去挽回漏卮，以謀生產的發達；直接一方面可促進工商業的發展；間接一方面可增裕國家的富強，發揚民族精神。

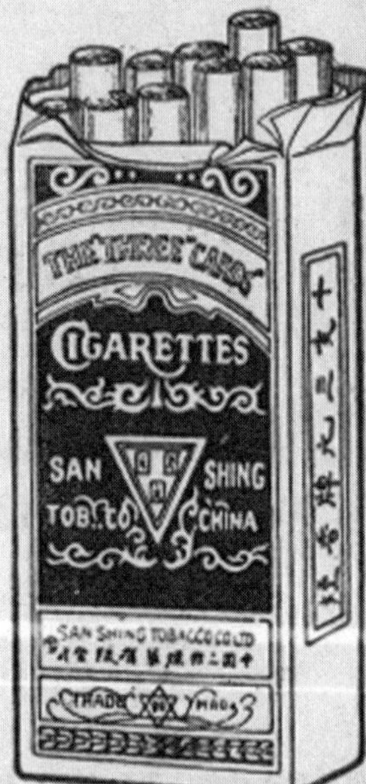

我國上海三興煙草公司所出品的各種香煙，製法精良，所有煙葉完全是山東河南的土產，是亦振興國貨，挽回利權的一種辦法。旅暹中華總商會擁護中央的美意，舉辦國貨展覽會，故本公司特將所代理三興公司各種煙嘜，刊入廣告，使僑胞共知努力國貨運動，建立國家經濟基礎，庶足以促總理民生主義的實現。

暹京嵩越路炳成豐公司司理 王維嶽 林松江 謹誌

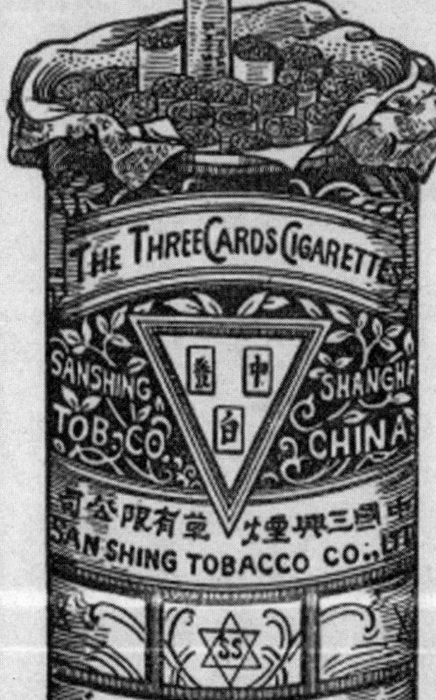

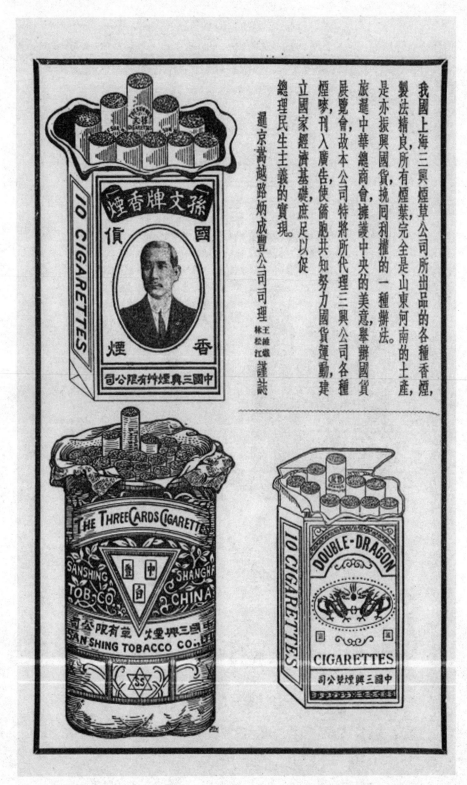

TRADE MARK
商標
暹京
馬百良藥房
本藥房所製各種治病靈藥如救急補益婦科兒科瘡瘍跌打耳目口鼻各病之藥一切均備無論男婦老少百病用以治之藥到回春久為中外信用而藥名數百種另有價目表派送零沽躉賣一律歡迎此佈
鋪在暹京三聘街門牌六百一十九號
電話一千五百八十二號
暹局司理人陳少擘謹啓

## 成元豐火鋸

本號開創歷有年所
向來採辦暹地各港
頂上榆木鋸成木料
如枋柱板等類以備
建築家起造樓房船
屋之用如蒙
惠顧取價從廉

暹京新城門港口
電話七百九十二號

司理人
韓靜軒謹啓

## 廣告

本廠開張有年聲譽素著所
有承接各種大小機器等件
無不製造新穎巧妙絕倫質
料堅固久用不變依期交貨
從無貽誤 諸君光顧毋任
歡迎

暹京耀華力大馬路媽宮前
門牌七百十八號至七百廿二號
電話一七零九號

廣昌機器廠主人披露

## 東方烟草公司精美出品

大濃香烟

大三元香烟

**物美價廉**

暹京四角丕耶史橋脚門牌七號
電話一千零七十六號

## 安樂園飲冰室

雪糕新地
金山橙汁
正鮮牛奶
凍熱飲品
著名散餐
魚蝦鷄粥
糖菓餅乾
色色俱備
價廉物美

暹京耀華力路門牌七八八至七九〇

電話二〇二七　電碼掛號 ONLOKYVEN

# 網咯木器公司

▲電話五七九七號▼

總公司 暹京丕耶汰路
分公司 吡叻．怡保．星加坡

本公司開辦十餘載初僅設立小工場雇用工人二三十名現擴充至二百餘名自建宏大工廠并分設公司於庇嚨怡保星加坡各埠所聘工人皆上海名手精製各款家俬週邏馳名暹羅王宮酒店銀行商店住宅多採用本公司製品彙之各式製品除銷行暹國外遠運歐美各國對於廳堂佈置均用最新式美術設計用者咸稱滿意故舉凡酒店醫院商店政府機關宮殿住宅所用家具無所不備其餘房舍之裝飾建築本公司均聘專材承造并由各國採辦上等 地氈 銅器 鐵器 甆器 花綱 及各種最新式器具用物餉帮光顧格外歡迎

Cabinet and High-class Furniture Manufacturers. Complete House Furnishers and Special Quotation for Whole-sale Furnishing of:— Hotels, Clubs, Hospitals, Commercial Houses, Government Offices, Palaces & Private Residences.

Painters, Polishers, Upholsterers, House Decorators, General Building Contractors, Packing & Transportation of Household Furniture.

Furniture for Hire and knocked down Teak Furniture for Export.

Workmanship & Satisfaction Guaranteed.

# B. H. F.

## THE BANGKOK HOUSE FURNISHING CO.

Head Office:— Phya Thai Road, Bangkok, SIAM.

Telephone No. 5797 Bangrak
Cable Address "FURNISHING"

Branches:— PENANG, IPOH & SINGAPORE.